일본어 교수 학습을 위한

한일대조문법론

안병곤 지음

보고사

머리말

　지구상에는 6-7천 개의 개별 언어가 존재한다고 한다. 그 중에서 현재 국가나 부족 단위에서 실제 사용되고 있는 언어만도 140-150개에 달한다. 한국어와 일본어는 이러한 세계의 여러 언어 중에서 사용 인구수로 보아 10위 전후를 차지하고 있다. 그리고 현재 두 나라가 가지고 있는 경제력이나 군사력 등의 역할을 감안하면, 세계의 여러 언어 중에서도 한일 양언어는 상당한 위치에 있다고 볼 수 있고, 그만큼 중요한 언어라고 해도 과언이 아닐 것이다.

　한일 양언어는 언어 계통상으로는 같은 알타이어족에 속하고, 교착어라는 공통의 특성을 갖고 있다. 특히 통사적(문법적) 특성에서는 매우 유사한 점을 갖고 있기 때문에, 서로가 상대방의 언어를 외국어로서 교수 및 학습할 경우, 다른 언어에 비해 쉽게 접할 수 있는 장점이 있다. 한일 양국 모두 상대방의 언어에 대한 학습 및 교육에 대한 관심이 많은 것도 그러한 이유 중의 하나일 것이다.
　그러나 서로 닮았기 때문에 배우기 쉽다고 생각하는 것이 많은 문제점을 유발하는 수도 있다. 즉 외국어 교수학습이론에서 말하는 언어간섭 현상이다. 정확하게 알지 못하는 것은 전혀 모르는 것보다 못하다는 말처럼, 서로의 외국어로서의 초기 학습에서 느끼는 너무나 유사한 통사적(문법적) 구조는 중급과 고급 학습 단계를 지나면서 긍정적으로 작용하지 못하고 치명적인 언어간섭의 요인으로 변해 버리는 것이다.

　이 책은 위와 같은 관점에서, 한일 양언어의 학교(교과)문법을 알기 쉽게 풀이하고 서로 대조 비교해 봄으로써, 양언어를 모국어(제1언어)로 하는 사람들이 상대방의 언어를 외국어로 교수 및 학습할 때 조금이라도 도움이 되고자 하였다. 특히 한국어를 모국어(제1언어)로 하는 사람들의 일본어 교수 및 학습을 위한 목적으로 다음과 같은 몇 가지 사항을 원칙으로 삼았다.

첫째, 한일 양국의 학교(교과)문법은 품사분류와 기준이 서로 다르다. 따라서 이 책에서는 일본 학교(교과)문법에서의 품사분류(10품사)를 기본으로 하여 한국 학교(교과)문법과의 대조 비교를 시도하였다.

둘째, 문법용어를 비롯한 모든 내용을 한국어로 기술하였다. 다만 필요할 경우, 특히 처음 나오는 문법용어 및 전문용어는 괄호 안에 병기하는 방법을 사용하였다.

셋째, 이 책은 일본의 학교(교과)문법에 나타난 품사분류(10품사)를 기준으로, 그에 대응하는 한국의 품사와 대조 비교하였기 때문에, 각장(품사)에 따라 한일 양언어를 대조 비교하는 방법이 다를 수밖에 없다. 따라서 이 책에서는 전체 목차와 함께 개별적인 품사를 다루는 각장에서도 독자의 편의를 위해 따로 목차를 제시하는 방법을 취했다.

이 책은 필자가 오랜 기간에 걸쳐 준비해 온 것으로 나름대로 많은 노력을 기울였다. 그러나 준비한 원고를 그대로 책으로 출판하는 데에는 여러 가지 제약이 있어서 독자들의 기대에 부응할 만큼의 내용을 담지 못한 측면도 있을 것으로 생각한다. 여러분의 양해를 부탁드리며, 부족한 면에 대해서는 가차 없는 질책을 기대한다. 여러분의 관심과 질책을 바탕으로 더 좋은 책이 되도록 보완하고 보충해 나갈 것을 약속드린다.

마지막으로 이 책이 나오기까지 김흥국 사장님을 비롯한 보고사의 여러분께 감사를 드린다. 특히 책이 출판되기까지 모든 일을 챙겨 주시고 살펴주신 황효은 씨에게 무어라 고마운 마음을 전해야 할지 모르겠다. 고맙습니다.

2009년 4월

목차

총론

비교언어학이 오로지 동일 계통에 속하는 복수의 언어를 연구하는 데 비해서, 동계이거나 비동계인 사실과는 관계없이 복수의 언어에 대한 유사점과 상이점 등을 연구하는 것이 대조언어학(Contrative Linguistics)이다. 이미 알려진 바와 같이, 인류는 고어(古語)나 외국어와 접하면서 거기에 촉발된 연구를 거듭해 왔다. 따라서 크게 보면 대조언어학은 생각보다 아주 오래된 역사를 갖고 있다고 할 수 있다. 일반적으로 학문적으로 행해지고 있는 「대조언어학」이라는 자각적인 행위를 문제로 삼지 않으면, 두 가지 언어에 대한 대비는 아주 옛날부터 이루어지고 있었던 것이다.

언어학의 한 분야로서 자각적으로 대조언어학을 생각하게 된 것은 20세기 후반의 일로서, 구체적으로는 Lado, R(1957)의 『Linguistics across Cultures』부터라고 할 수 있다. Lado, R은 부제 「언어교육자를 위한 응용조언어학」에서 보이듯이, 대조연구의 목적을 외국어교육에 종사하는 교사들에게 언어학에 대한 지식을 심어주고자 주로 영어와 스페인의 음운과 문화에 관련한 대조분석을 시도하였다. 이후 대조언어학에 대한 저술이 늘어나기 시작하여 Kufner, H(1962)『영어와 독일어의 문법구조』, Moulton, W(1962)『영어와 독일어의 음성』, Bowen Stockwell, R.D(1965)『영어와 스페인어의 음성』, Di Pietro, R, J(1971)『언어의 대조연구』 등이 발표되었다. 「대조」라는 말을 책의 이름으로 사용한 것은 많지 않고 대부분이 「A어와 B어의 △△」라는 제목으로 되어 있지만, 대조적인 연구로서 간주할 수 있는 것들이다.

일본에서도 사정은 마찬가지로 Aston, W, G(1879)『日鮮両語比較研究』, 小倉進平(1923)『国語及朝鮮語発音概説』, 오레스트 플레트넬(1926)『実用英仏独露の発音』 등이 있었지만, 「대조」라는 말을 사용한 일본 최초의 언어관계 서적은 波多野鹿之助(1953)『対照国語学』일 것이다.

일본에서 대조연구가 본격화한 것은 유럽보다도 10년 이상 늦게 시작되었다. 미국에서와 마찬가지로 일본에서도 언어교육 현장에서 문제가 제기되는 경우가 많았다. 일본인에 대한 영어교육에서 음성, 음운, 형태, 구문, 어휘 등에 대한 대조연구의 성과가 계속 발표되었다. 그리고 이와 함께 일본어를 학습하는 외국인도 증가함으로 인해 일본어교육에 대한 과학화와 계통화가 요구되고, 일본어와 학습자의 모국어간의 대조연구가 행해지게 되었다. 지금까지 일본어와의 대조연구가 이루어져 온 주요 언어는 영어, 독일어, 불어, 스페인어, 중국어, 한국어 등이다. 이러한 대조연구는 다음과 같은 두 가지 특징을 갖고 있다. 첫째 대부분이 두 가지 언어를 대조한 것으로 세 가지 언어 이상을 대조한 것은 거의 없다는 점이다. 둘째는 음운, 구문, 어휘 등과 같은 구조적인 분야 외에 담화, 언어행동, 비유, 발상법 등과 같은 운용적, 비구조적인 분야까지 다룬 대조연구는 거의 전무하다는 것이다. 이러한 사실은 영어와 다른 언어와의 대조에서도 볼 수 있는 현상으로 대조연구의 대상을 확대하거나 분석하는 것이 어려운 일이기 때문일 것으로 볼 수 있다.

　그러나 대조언어학은 외국어교육을 바탕으로 성장해 왔기 때문에 교육을 위한 수단으로 보기 쉽지만, 대조언어학도 분명한 언어학의 한 분야이다. 지금 대조언어학에서는 부분적 단편적인 연구나 확실하지 않는 방법론을 사용한 연구를 반성하면서 체계화·과학화를 기하는 것이 요구되고 있다. 하나의 언어를 과학적으로 분석하고 기술하는 것도 그렇게 용이하지 않은 과제인데, 그것을 다른 언어와의 대조에서 완성한다는 것은 더욱 어려운 일일 것이다. 그러나 여러 부분을 각각 따로 쌓아 올리는 것은 힘은 들겠지만 불가능한 일은 아니라고 본다. 하나의 언어를 일본어와 대조하면서 일관된 분석방법에 따라 가능한 한 전체적으로 하나의 틀을 갖도록 해야 할 것이다.

　우리가 하나의 외국어를 배우려면 단어의 암기만으로는 부족하다. 그 언어에 내재된 독특한 법칙에 따라 단어를 연결 운용할 수 있어야 한다. 따라서 각각의 언어 속에 내재된 법칙, 특히 문법 등은 언어마다 다르므로 서로 다른 언어(외국어)에 대한 체계적인 지식이 반드시 필요한 것이다. 특히 한국어와 일본어처럼 언어 속에 내재한 법칙(문법)이 서로 닮은 점이 많은 경우는, 대상언어(외국어로서의 일본어)의 교수 학습 시에 예상되는 언어간섭 현상이 더욱 심각할 수 있으므로, 보다 정확하고 완벽한 일본어교육을 위해서는, 이의 바탕이 되는 한일 양언어의 대조연구가 더욱 절실히 요구된다고 볼 수 있다.

2　일본어와 한국어

학자들 간에는 많은 이설이 있기도 하지만, 한일 양언어는 같은 알타이어계로 분류하는 것이 일반적이다. 일본어는 기본어휘 등에서는, 아이누어 및 남방어계(오스트리네시아어, 말라이포리네시아어)의 영향을 받았다고도 볼 수 있으나, 문법(통사)체계를 비롯한 여러 부분에서 한국어(알타이어계)와 많은 유사성을 갖고 있음이 확인되고 있다. 특히 한일 양언어는 다른 알타이어계의 언어들과는 공유하지 않는 다음과 같은 유사성을 갖고 있어, 양언어가 다른 알타이어계 중에서도 보다 근접된 언어임을 보여주고 있다.

첫째, 다른 알타이어계의 언어에서는 형용사가 명사의 일종으로서 명사와 같은 곡용(曲用)을 하는 데 비하여, 한국어와 일본어에서는 동사의 일종으로서 동사와 같은 활용을 한다.

둘째, 명사나 용언 등에 접속하는 인칭어미(人稱語尾)가 없다.

셋째, 지시어의 체계가 근·중·원(近·中·遠)의 3계열이다.

넷째, 용언의 활용체계 내부에 경어표현의 형태소가 들어 있다.

다섯째, [r]와 [l]의 음운적 구별이 없다.

여섯째, 고저액센트(한국어의 경우는 일부 방언)가 있다.

즉 한일 양언어는 위와 같은 동일어계로 볼 수 있는 많은 유사점들을 갖고 있기는
하나, 반면에 아직 밝혀지지 않은 많은 부분을 위해서는 앞으로 보다 철저한 대조연구
가 필요할 것으로 본다.

3 한일 양언어의 주요 문법론

한일 양언어의 문법연구사를 살펴보면, 일본어의 경우는 초창기 문법론의 확립은
서양의 여러 언어들의 문법론에 많은 영향을 받았으며, 한국어의 경우는 위와 같은
일본어의 문법론 및 그 연구 결과에 영향을 받은 바가 크다고 볼 수 있다. 따라서
한일 양언어 모두 학자에 따라 각각의 언어를 관찰하는 방법과 영향을 받은 학설(문법
론)의 차이로 인하여 많은 다른 문법론들이 있으나, 본서에서는 한일 양국의 대표되는
몇 가지 문법론들을 살펴봄으로써, 양언어의 문법론의 대강을 파악해 보고자 한다.
따라서 학자들 각자의 학설에 따른 문법론의 고찰은 각각의 문법론의 특징적인 면만
을 약술하기로 한다.

3-1. 일본어의 주요 문법론

(1) 「山田孝雄」의 문법론

「야마다 요시오(山田孝雄)(1873~1958)의 문법론은 그의 저서 『日本文法学概論』
(1936년, 宝文館)으로 대표된다.

「야마다 요시오(山田孝雄)」의 단어(품사) 분류는 논리학과 서양문법의 영향을 받아 구문상의 작용 관계와 말(단어)과 말(단어)과의 관계를 중시하고 일정 부분 형태를 무시하는 입장을 취하였다.

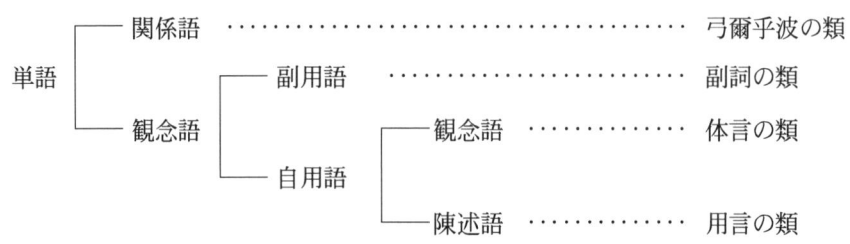

한편, 야마다(山田)가 품사분류에서 마지막까지 고심한 것은 부사인데, 학교문법에서의 문법용어와 비교하여 보면 다음과 같다.

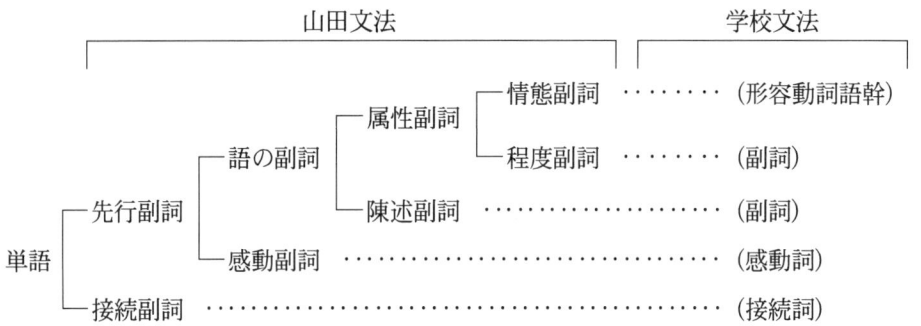

그리고 소위 조동사는 통각작용(統覚作用)을 한다는 이유로 진술어로 분류되는 용언의 분류에 넣어 「복미어(複語尾)」로 다루고 있으며, 「あり」 등을 「존재어(存在語)」로 따로 나누어 분류하고 있는 점 등이 다른 문법론들에서 볼 수 없는 「야마다문법(山田文法)」의 특징으로 들 수 있다.

(2) 「松下大三郎」의 문법론

「마쓰시타 다이사부로(松下大三郎)」(1878~1935)의 문법론은 그의 저서 『改撰標準日本文法』(1928년, 勉誠社)로 대표된다.

마쓰시타(松下)는 어떤 언어가 이야기(말)를 구성하려면 원사(原辞), 사(詞), 단구(非句)의 3단계를 밟으며, 그리고 언어의 내면에 있는 사념(思念)의 구성에는 관념과 단정의 2단계가 있어서, 서로 다음과 같은 관계에 있다고 보았다.

따라서 마쓰시타(松下)는 관념의 대상이 되는 언어의 단계, 즉 사(詞)와 원사(原辞)를 각각 다음과 같이 분류하고 있다.

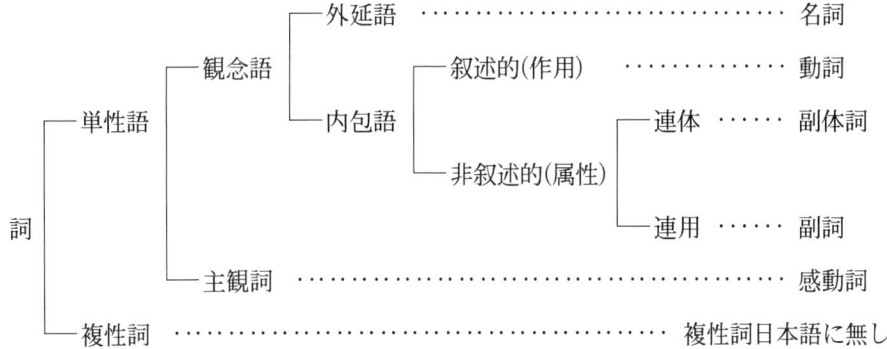

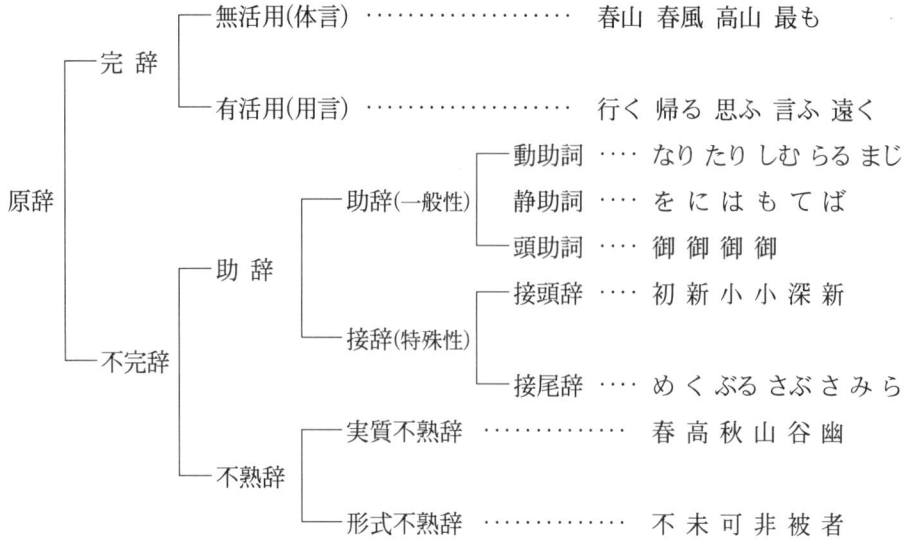

(3) 「橋本進吉」의 문법론

「하시모토 신키치(橋本進吉)」(1882~1945)의 문법론은 그의 저서 『国語法要論』 (1948년, 岩波書店)과 『国文法体系論』(1959년, 岩波書店)으로 대표되며, 현재 사용하고 있는 일본 학교문법의 바탕이 된 것으로 유명하다.

하시모토(橋本)의 문법론은 다음의 분류표에서 보이듯이 단어가 단독으로 문절을 구성할 수 있느냐, 없느냐는 것에서부터 출발한다.

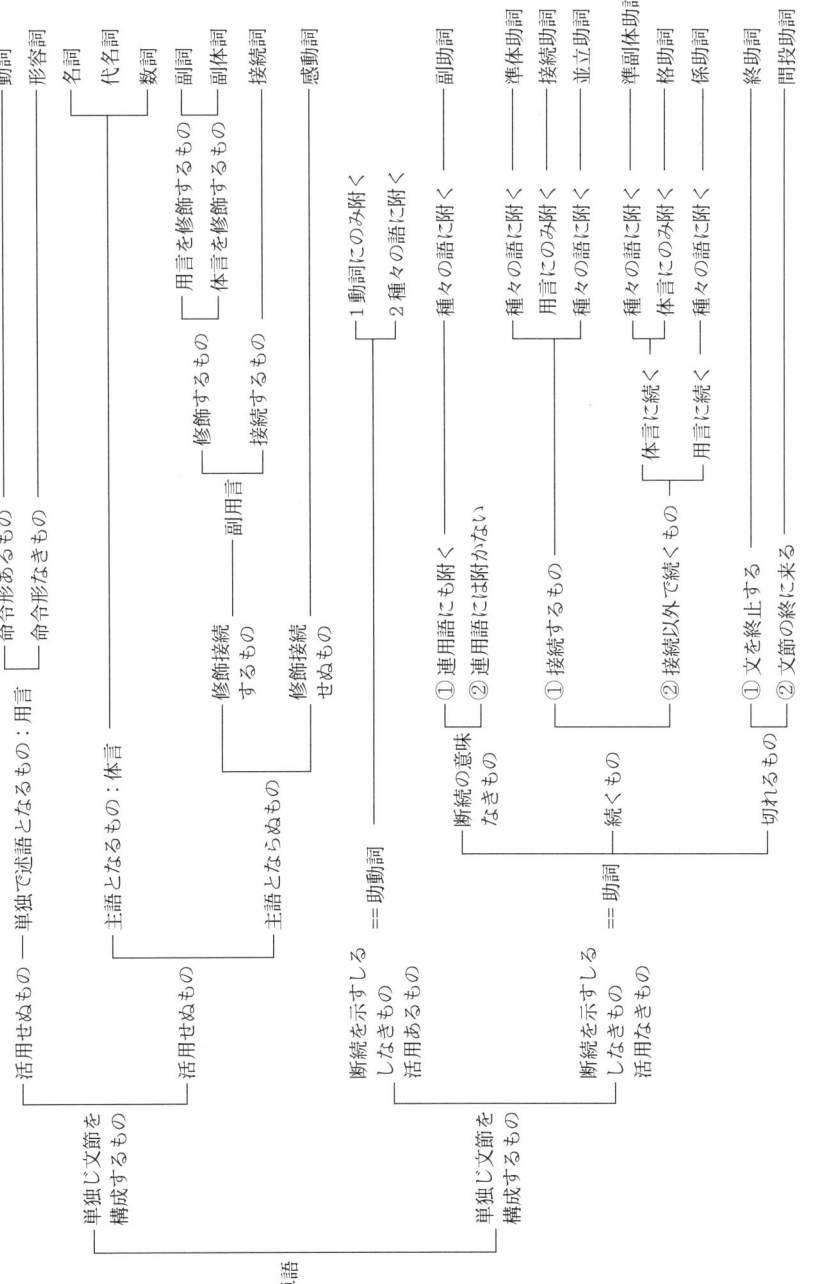

즉 하시모토(橋本)의 문법론은, 소위 소쉬르의 구조언어학 등에 영향을 받아 객관적인 형태를 중시한 경향이 강함을 볼 수 있다. 그리고 앞서의 「야마다 요시오(山田孝雄)」와 「마쓰시타 다이사부로(松下大三郎)」의 문법론 등에서는 비교적 비중을 두지 않았던 음성적인 측면을 자연과학적인 태도와 대상분석적인 방법으로 처리하려고 하였던 점이 「하시모토문법(橋本文法)」의 특색이라고 할 수 있다.

(4) 「時枝誠記」의 문법론

「도키에다 모토키(時枝誠記)」(1900~1967)의 문법론은 새로운 언어관 「언어과정설(言語過程設)」을 제창한 그의 저서 『国語学原論』(1941년, 岩波書店)과 『日本文法 口語篇, 日本文法 文語篇』(1950년, 岩波書店)으로 대표된다.

도키에다(時枝)는 언어경험을 심적내용(a)에서 음성(b) 혹은 문자(c)로까지 표현되는 과정, 또는 문자(c) 혹은 음성(b)에서 심적내용(a)을 환기하는 과정에서 이루어지는 것으로 보았다. 그리고 위와 같은 언어경험이 언어주체(말하는 이)에 의해 구체적으로 나타나는 것을 단어(말)라고 설명하였다.

도키에다(時枝)는 이상과 같은 언어과정설에 입각하여 단어를 다음과 같이 크게 두 가지로 나누었다.

A : 개념과정을 포함하는 형식—詞(概念詞)
B : 개념과정을 포함하지 않는 형식—辞(概念辞)

이어서 「詞」와 「辞」를 다시 다음과 같이 분류하고 있다.

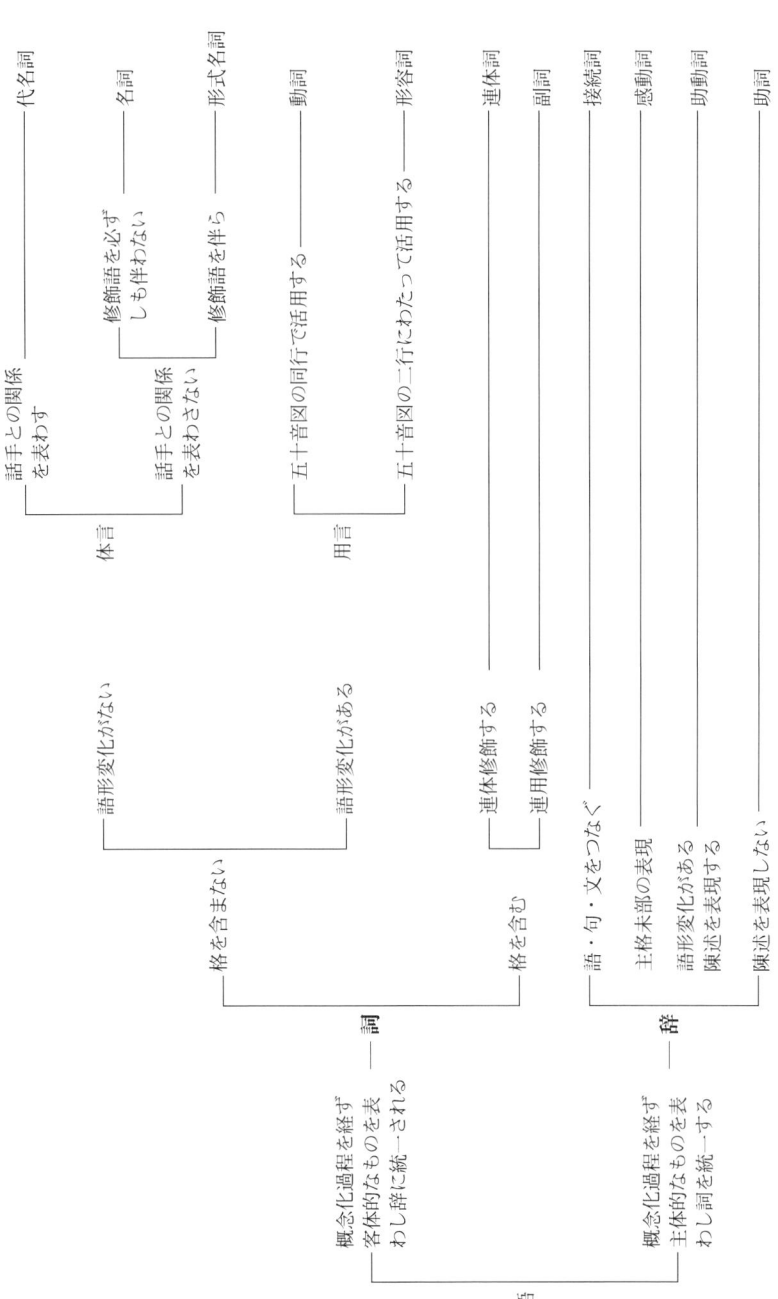

単語

概念化過程を経ず
客体的なものを表
わし辞に統一される

格を含まない

語形変化がない ──── 話手との関係
を表わす ──────── 代名詞

体言 ── 話手との関係
を表わさない ── 修飾語を必ず
しも伴わない ── 名詞

語形変化がある ── 修飾語を伴う ── 形式名詞

詞

格を含む

用言 ── 五十音図の同行で活用する ── 動詞

五十音図の二行にわたって活用する ── 形容詞

連体修飾する ──────── 連体詞

連用修飾する ──────── 副詞

概念化過程を経ず
主体的なものを表
わし詞を統一する

語・句・文をつなぐ ──────── 接続詞

主格未部の表現 ──────── 感動詞

辞

語形変化がある
陳述を表現する ──────── 助動詞

陳述を表現しない ──────── 助詞

즉, 도키에다(時枝)의 문법론에서는 「형식명사(形式名詞)」를 따로 분류하여 다른 품사와 같이 다루고 있으나, 「형용동사(形容動詞)」를 인정하지 않고 「だ」의 활용체계의 하나로 보고 있는 점 등이 특징이라고 할 수 있다.

3-2. 한국어의 주요 문법론

(1) 최현배의 문법론

최현배(1894~1970)의 문법론은 『우리말본』(1937년, 正音社)과 『고등말본』(1952년) 등으로 대표된다. 그리고 최현배의 문법론은 「야마다 요시오(山田孝雄)」 문법론의 영향을 많이 받은 것으로 알려지고 있다.

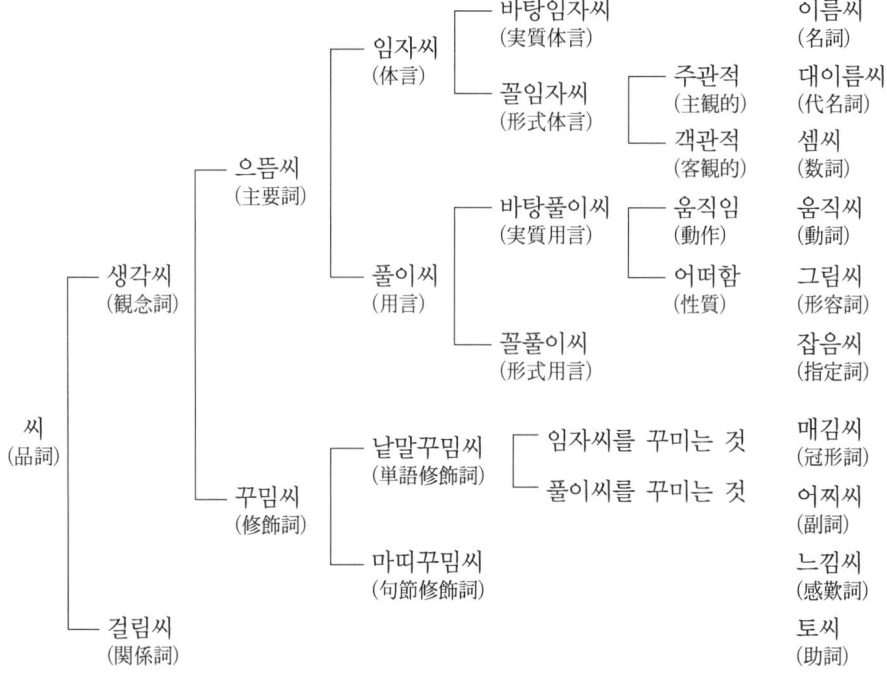

즉, 최현배의 문법론에서는 「이다, 아니다」 등을 잡은씨(指定詞)로 따로 분류하여 품사로 설정한 점과 다른 문법론들에서 보이는 접속사를 인정하지 않고 부사와 조사의 한 갈래로 다루고 있는 점 등이 특징이라고 할 수 있다.

(2) 이희승의 문법론

이희승(1896~1990)의 문법론은 그의 저서 『初級国語文法』(1949년)과 『새 高等文法』(1957년) 등으로 대표된다. 그리고 이희승의 문법론은 일본어의 「하시모토 신키치(橋本進吉)」 문법론의 영향을 많이 받은 것으로 알려지고 있다.

① 명사 ------------ 나무, 풀, 가을, 공부, 서울, 이순신…

② 대명사 ---------- 나, 너, 누구, 이것, 저기…

③ 동사 ------------ 흐른다, 온다, 짓는다, 잔다…

④ 형용사 ---------- 곱다, 서늘하다, 무겁다, 가볍다…

⑤ 존재사 ---------- 있다, 없다, 계시다…

⑥ 관형사 ---------- 새, 옷, 해, 풋…

⑦ 부사 ------------ 늘, 빠리, 퍽, 매우, 아직, 꽤…

⑧ 감탄사 ---------- 아이구, 아, 애, 녜…

⑨ 접속사 ---------- 또, 그러나…

⑩ 조사 ------------ 이, 가, 는, 에게, 을, 도, 에…

즉, 이희승의 문법론은 '있다, 없다, 계시다' 등을 존재사라는 품사의 하나로 설정하고 있는 대신에, 수사는 대명사 중의 수량대명사로 보아 따로 독립시키지 않고 대명사에 포함시킨 점 등이 특징으로 볼 수 있다.

(3) 이숭녕의 문법론

이숭녕(1908~1994)의 문법론은 그의 저서『高等国語文法』(1956년) 등으로 대표된다. 그리고 이숭녕의 문법론은 앞서의 문법론들이 일본문법의 영향을 받은 것과는 달리 서양문법, 특히 Rumd 등의 문법론에 영향을 받은 것으로 알려지고 있다.

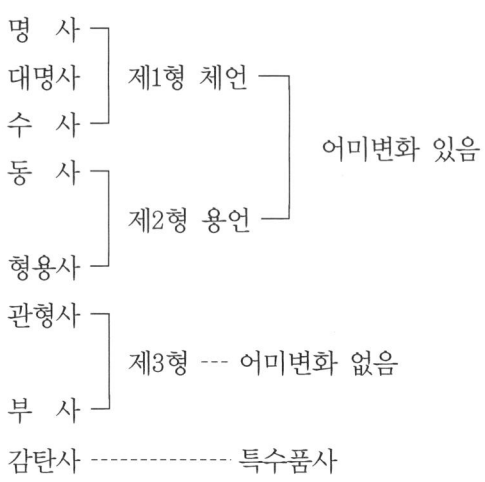

```
명 사 ┐
대명사  ├ 제1형 체언 ┐
수 사 ┘            ├ 어미변화 있음
동 사 ┐            │
      ├ 제2형 용언 ┘
형용사 ┘
관형사 ┐
      ├ 제3형 --- 어미변화 없음
부 사 ┘
감탄사 ------------- 특수품사
```

① 명사 ------------ 바다가. 언덕에. 짐승이로다. 인생은. 구름. 뒤에…

② 대명사 ---------- 나는. 그. 저. 이것. 무엇. 아무…

③ 동사 ------------ 하나. 둘. 셋. 한. 두. 셋…

④ 형용사 ---------- 간다-가고. 온-오며. 먹는다-먹지. 잔디-자자…

⑤ 존재사 ---------- 크다-큰. 많다-많은…

⑥ 관형사 ---------- 새. 옛. 풋. 홑. 어느…

⑦ 부사 ------------ 대단히. 두루두루. 옥신각신. 뚱뚱. 조금. 퍽. 또…

⑧ 감탄사 ---------- 아. 아이구. 아야…

즉, 이숭녕의 문법론은 서양문법의 영향으로 인하여, 다른 문법론에서처럼 조사를 하나의 독립된 품사로 다루지 않고, 체언 자체의 격(case)변화(格語尾)로 처리하고 있는 점 등이 가장 큰 특징으로 들 수 있다.

(4) 김민수의 문법론

김민수(1926~   )의 문법론은 그의 저서『国語文法論研究』(1960년)와『国語文法論』(1971년) 등으로 대표된다. 그리고 김민수의 문법론은 앞서의 이숭녕의 문법론을 계승하여 이론적으로 글월 속에서 행하는 임무가 첨가된 것이 품사이므로 품사는 글월 속에 있어서 단어가 행하는 구실이라고 보고 있다. 따라서 단어는 표시하는 뜻(이 뜻은 어의(語意)가 아니라 직능(職能)이다)에 따라 관찰되어야 한다고 보아, 품사를 다음과 같이 분류하고 있다.

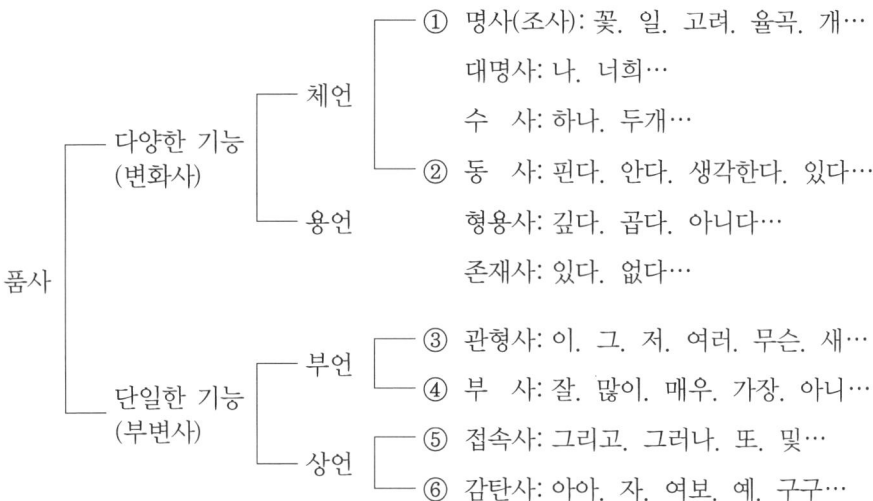

즉, 김민수 문법론에서의 품사의 6분법은 문법기능을 기준으로 한 단어 범주의 상

위분류이기 때문에 각기 내부에서의 하위분류가 이루어진다고 보았다. 따라서 조사나 지정사는 기능 지시의 지표(格語尾)로서 단어가 되지 못하며, 대명사와 수사는 명사의, 형용사나 존재사는 동사의 각각 하위범주에 속하는 것으로 설명하고 있다.

4 한일 양언어의 학교문법

4-1. 일본어의 학교문법

❖ 일본어 학교문법의 품사 분류표

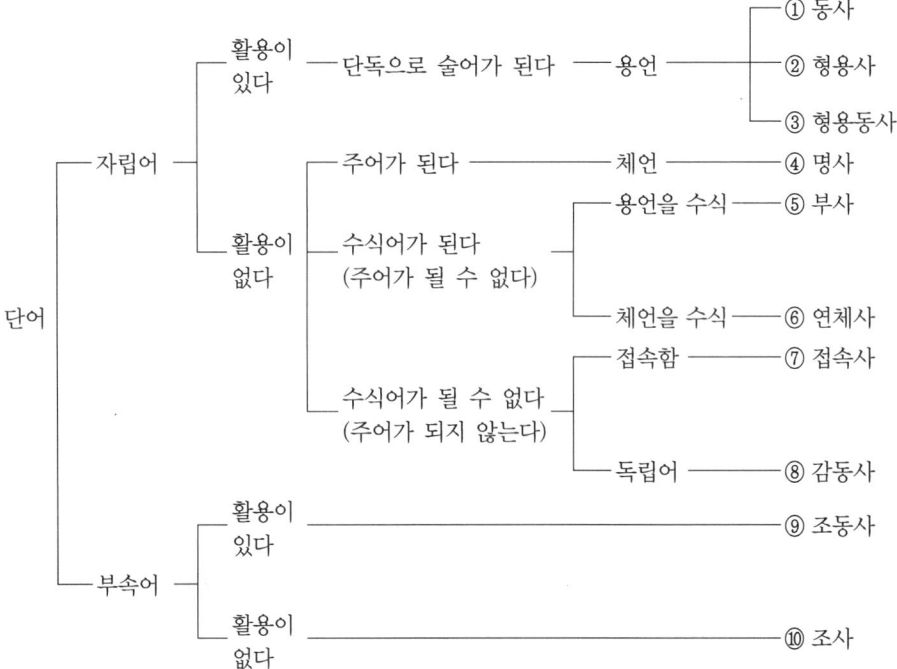

일본어의 학교문법은 1947년 문부성이 국정교과서의 하나인 국어과의 일부로 펴낸 중등문법(국어문법)에 근간을 두고 있다. 그리고 일본어의 학교문법은 앞서 고찰한 하시모토 신키치(橋本進吉) 문법론의 체계와 이론이 기본이 되어 만들어졌다고 보고 있다. 따라서 일본어의 학교문법 역시 형태적인 측면, 즉 문절을 중시하고 있으며, 위의 표에서 보이는 바와 같이 품사를 10종류로 분류하고 조동사를 접속에 따라 분류하는 등의 특징을 갖고 있다.

4-2. 한국어의 학교문법

❖ 한국어 학교문법의 품사 분류표

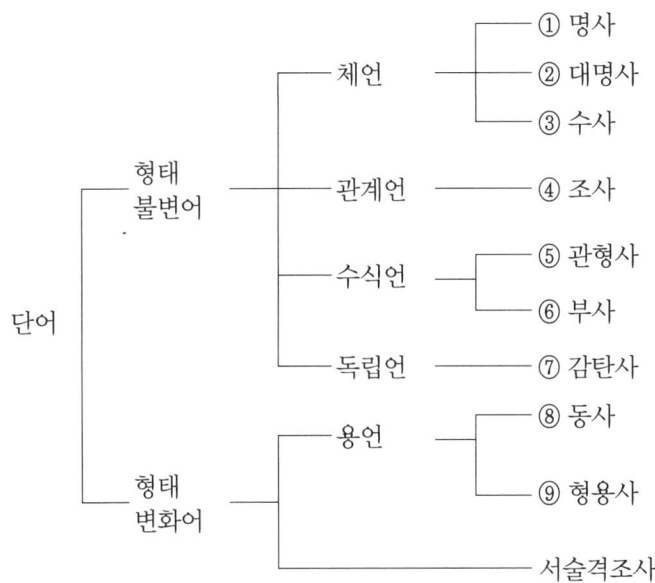

한국어의 학교문법은 1963년 문교부의 주관 하에 국어과 교육과정 심의회를 두어

여기에서 학교문법 통일안을 확정 공포한 것이 처음이다. 그러나 이때의 학교문법 통일안이란 것이 당시 한국어의 양대 문법론으로 대립하고 있던, 앞서 고찰한 바 있는 최현배의 문법론과 이희성의 문법론을 무리하게 통일시키려고 한 즉, 두 문법론을 절충 접배한 것에 불과한 것이어서 통일안의 내용이란 것이 9품사 체계와 252개의 문법용어를 제정하는 데에 지나지 않았다. 따라서 실제 중등학교 문법교과서의 지침으로는 전부 활용되지 못하고, 오히려 혼란만 더하였다고 볼 수 있다. 이와 같은 경위에서 통일된 학교문법에 대한 논의가 계속되던 차에, 1985년 문교부가 다시 「성균관대학교 대동문화연구소」에 의뢰하여 여기에서 문교부 저작의 새로운『고등학교문법』을 펴내게 되었다. 이 새로운『고등학교문법』에서는 상당히 세분화된 부분에 이르기까지 설명 기술하고 있음을 볼 수 있는데, 먼저 위의 표에서 보이는 바와 같이 단어의 갈래를 9품사로 분류하고 있다.

5 본서에서의 기준 문법

이상에서 한일 양언어의 문법론, 즉 학설문법으로서의 주요 문법론들과 현행의 학교문법을 품사분류를 중심으로 살펴보았는데, 각각의 문법론마다 서로 많은 차이가 있음으로 알 수 있다. 따라서 본서에서는, 한국어를 제1언어(모국어)로 하는 사람들을 위한 일본어교육(학습)이란 입장에서 양언어의 학교문법을 기준으로 하여, 한일 양언어의 문법체계를 대조비교해 보기로 한다. 그러나 양언어의 대조비교 과정에서 학교문법에 명시되어 있지 않은 세부사항, 즉 문법체계의 하위분류 등에서는 학자들의 학설문법을 참고로 한 점도 있음을 미리 밝혀 둔다.

01

명사

1 명사의 정의

1-1. 일본어 명사의 정의

일본어에서의 명사(名詞)란 사람이나 사물의 이름, 수량, 순서 등을 가리키는 말로 체언(体言)이라고도 한다. 즉, 사람이나 사물의 이름을 나타내는 단어인 명사(名詞), 사람이나 사물, 장소의 이름을 대신하여 가리키는 단어인 대명사(代名詞), 수량이나 순서를 가리키는 단어인 수사(数詞)를 아울러 모두 명사라고 정의한다.

1-2. 한국어 명사의 정의

한국어에서의 명사란, 관형어(冠形語)의 수식을 받는 품사로서 뒤에 조사를 취하여 문장의 여러 성분으로 기능하는 문법적 성질을 가진 품사로 정의한다. 따라서 일본어는 명사 안에 수사와 대명사를 포함하는 개념이나, 한국어는 수사와 대명사를 별개의 품사로 구분하여 분류한다.

1-3. 한일 양언어의 대조

앞서 총론에서도 논한 바와 같이 일본어의 학교(교과)문법은 하시모토 신키치(橋本進吉)의 문법학설에 바탕을 두고 있다. 따라서 일본어의 경우는 품사 분류(10품사)에서도 「하시모토문법(橋本文法)」의 「문절(文節)」이론에 근거하여 문(文)이나 「문절」을 구성하는 형식상의 특질에 기초한 기능에 역점을 두고 있다. 따라 '명사'를 품사로 인정하면서도 기능면에서 볼 때는 '대명사'나 '수사'와 구별할 필요가 없이 명사 하나로 생각할 수 있다고 보아, 명사의 하위분류로 대명사와 수사를 두고 있다. 즉 일본어에서는 단어를 기능에 따라 자립어와 부속어로 나누고 자립어 중에 활용이 없고 주어(체언)가 되는 기능을 가지는 단어를 명사라고 한다.

그런데, 한국어의 품사 분류(9품사)에서는 체언의 범주에서 명사, 대명사, 수사를 따로 분류해서 각각 하나의 품사로 인정하고 있다. 즉 한국어에서는 단어를 형태적 특징에 따라 불변어와 가변어로 나누고, 그것을 기능에 따라 다시 체언, 용언, 관계언, 수식언 등으로 나누고, 그 중에서 체언은 의미에 따라 다시 명사, 대명사, 수사로 나누고 있는 것이다. 한국어에서는 기능상, 형태상으로는 공통성을 가지고 있기는 하나, 더 세분화할 필요가 있다고 보아 불완전하기는 하지만 의미기능에 바탕을 두고 명사, 대명사, 수사로 나눈 것이다.

2 명사

2-1. 실질명사와 형식명사

(1) 실질명사

문장 속에서 다른 말. 특히 관형어(冠形語)의 도움을 받지 않고도 실질적인 뜻을 나타내는 명사를 일본어에서는 실질명사(実質名詞)라고 부르고, 한국어에서는 자립명사(自立名詞)라고 한다.

〈예〉 人、鳥、空
〈예〉 산, 연필, 지하철, 김빛나래, 대한민국, 동대문

(2) 형식명사

일본어에서는 주로 용언에 붙어서 주부(主部) 등을 형성하거나 다른 문절(文節)과의 대응관계를 만드는 형식적인 명사를 형식명사(形式名詞)라고 한다.

〈예〉 こと、もの、ため、うち

한편 한국어에서는 자립성이 없어 다른 말 아래에 기대어 쓰이며, 반드시 관형어(冠形語)의 도움을 필요로 하는 명사를 의존명사(依存名詞)라고 한다.

〈예〉 것, 바, 줄, 터, 분, 뿐, 수, 데, 만, 만큼, 대로

❖ 일본어의 형식명사와 한국어의 의존명사의 예문

형식명사	의존명사
書く<u>こと</u>ができる。	내가 대학을 졸업한 <u>지</u> 20년이 되었다.
テレビを見る<u>ところ</u>です。	그는 그 일을 할 <u>줄</u>을 모른다.
自分のことはよくわからない<u>もの</u>です。	나는 그 분의 조카 <u>뻘</u>입니다.
くる<u>時</u>にもってきなさい。	먹을 <u>만큼</u> 먹어라.
この<u>とおり</u>にしてみなさい。	그것은 그가 할 <u>따름</u>이다.
本を読む<u>とき</u>が一番楽しい。	나는 백두산에 간 <u>적</u>이 있다.

※ 일본어의 형식명사와 한국어의 의존명사는 실질명사나 자립명사와 달리 앞 문절의 내용을 받아야만 말이 된다. 즉, 단독으로는 문장의 부분이 되지 않고, 다른 실질적인 의미를 갖는 단어와 함께 문장의 부분을 구성한다.

❖ 일본어의 형식명사와 한국어의 의존명사의 의미에 의한 분류

시간/공간 형식 명사	시간	때-おり、 기회-ついで 비확정성 시간-ごろ 계제-ところ 시간의 지속-あいだ、 　　　　うち、さいちゅう 이후-あと、のち 반복-たび
	공간	장소-ところ 방향-辺、方、一方
추상 형식 명사	사태/상황	경우/가능-こと 처지-ところ(を)/(か) 조건-かぎり(上)
	정도	최저한-くらい 미도달-ほど
	판단	원인-せい 목적-ため 이유/도리-わけ、はず 생각-つもり 의외성-くせ 배타성-ほか
	양태	상태지속-まま、となり、よう 행세-なり 가장-ふり 태도-ざま、ふう 배타성-ほか 유사성-など

시간/공간 형식 명사	시간	때-적(경험, 경우) 기회-김 비확정성시간-무렵, 즈음, 녘 계양(階樣)-차(목적), 판, 　　　　　참(예정, 의도, 기회) 기간-덧, 동안, 중 이래-지
	공간	장소-데(사실, 상황, 처지)/ 　　　　바(상황, 사실, 일) 여지-나위 방향-녘, 짝, 편
추상 형식 명사	상황	어떤 행위/직위와 동반함-겸 형편-지경 처지-섻, 터(계제, 의도, 예정) 관계-뻘 경우-수(능력, 가능성)/ 　　　　법(경우, 가능성) 상황-뻔 상태-빨
	정도	한도-대로, 만큼 대충의 정도-폭, 셈 성취의 정도-나름 상태의 정도-만(한도), 직
	판단	종속절이 의미하는 내용 외의 방법-밖 원인-때문, 바람, 통, 탓 종속절이 의미하는 내용에 대한 　　　　　언급-즉 추정-줄(방법, 능력) 추측-성, 듯(동일성) 이유-리, 턱 생각-판
구상 형식 명사	유정물	[+인간]:놈, 분, 손, 측[-인간]
	무정물	것(인간, 일), 따위, 등, 족족(물건), 　　　　짝(모양)

2-2. 보통명사와 고유명사

(1) 보통명사

한일 양언어에서 모두 보통 일반적인 사물의 명칭을 말한다. 보통명사(普通名詞)는 다시 구체적인 유형을 나타내는 구체명사(具体名詞)와 추상개념을 나타내는 추상명사(抽象名詞)로 나누어진다.

① 형태를 가지는 것(구체명사)

〈예〉· 本、机、家、山…
· 책, 책상, 집, 산…

② 추상적인 것(추상명사)

〈예〉· 精神、理想、人生…
· 정신, 이상, 인생…

③ 위치/방향을 나타내는 것(위치명사)

〈예〉· 上、下、右、左、前、後、北、南…
· 상, 하, 좌, 우, 전, 후, 동, 서, 남, 북…

(2) 고유명사

한일 양언어에서 모두 사람이나 단체명, 지명, 상품명 등, 그 외에는 존재하지 않는 특정 대상을 나타내는 말을 고유명사(固有名詞)라고 한다. 문법상 경칭을 동반하는 경우에는 경칭도 포함해서 고유명사로 본다.

〈예〉· 山本、日本、韓国、富士山
· 김나래, 대한민국, 동대문, 백두산, 삼국사기

2-3. 한일 양언어의 대조

일본어에는 체언에 속하는 품사가 명사뿐이고, 한국어에서는 명사, 대명사, 수사가 있다. 한일 양언어의 명사는 모두 단어의 성질에 따라 보통명사, 고유명사로 나누어지고, 그 말이 지니고 있는 뜻의 내용에 따라 명사의 성격을 가지면서도 그 의미가 형식적인 일본어의 형식명사와 한국어의 의존명사, 다른 말의 도움을 받지 않아도 단독으로 쓰일 수 있는 일본어의 실질명사와 한국어의 자립명사로 나누어지는데, 한일 양언어는 성질상 거의 일치한다. 한국어에서는 대명사와 수사가 품사분류(9품사) 안에 들어가지만, 일본어는 보통명사의 하위분류로 대명사, 수사로 나누어져 있다.

즉, 일본어의 실질명사와 한국어의 자립명사, 일본어의 형식명사와 한국어의 의존명사는 문장 속의 기능이나 성질상 거의 일치한다. 그리고 한일 양언어의 보통명사와 고유명사는 정의와 기능에서 다름이 없다.

3 대명사

한일 양언어에서의 대명사(代名詞)는 모두 사물, 사람, 방향, 장소 등의 이름을 말하지 않고 다만 가리키기만 하는 것으로 정의한다. 그러나 한국어의 경우는 대명사를 다른 체언에는 나타나지 않는 형태 및 기능성의 특수성이 발견된다고 보아 독립된 품사로 분류하나, 일본어의 경우는 주로 형태적인 면만으로 보아 명사의 하위분류로 다룬다. 대명사는 일본어와 한국어 모두 인칭대명사와 지시대명사로 구분된다.

3-1. 인칭대명사

인칭대명사(人称代名詞)는 사람을 가리키는 대명사이다. 따라서 인칭대명사는 화자와 청자 및 담화 중의 지정된 사람을 가리키는 말로서, 일반적으로 화자를 가리키는 1인칭, 청자를 가리키는 2인칭, 그 외의 사람과 사물을 가리키는 3인칭으로 나누어진다.

3-1-1. 일본어의 인칭대명사

「わたし」「あなた」「彼」등이 인칭대명사에 속하는 말들이나, 지정된 사물과의 사회적 관계와 그 장소에 따라 여러 가지 대명사로 나누어 사용해야 한다. 특히 윗사람에 대해서는 「彼」등의 인칭대명사는 사용될 수 없으며, 「先生」「社長」「おじいさん」과 같이 사회적 신분을 나타내는 말로 대용하는 것이 일반적이다. 또한 문법상으로도 다른 명사와의 경계가 애매하여 「貴様」와 같이 시간이 흐르면서 대명사로서의 의미와 역할이 없어져 버린 경우도 볼 수 있는 등 시대에 따라 변화하기도 한다.

❖ 일본어의 인칭대명사

	자칭(自称)	대칭(対称)	타칭(他称)			부정칭(不定称)
			근칭(近称)	중칭(中称)	원칭(遠称)	
인칭대명사(人称代名詞)	わたくし わたし ぼく おれ われわれ	あなた きみ おまえ	このかた	そのかた	あのかた	どのかた どなた だれ

3-1-2. 한국어의 인칭대명사

* 1인칭대명사(1人稱代名詞) : 말하는 사람, 즉 화자를 가리킬 때 주로 쓰이는 대명
사로서 '나, 저, 우리, 저희' 등이 있다.
* 2인칭대명사(2人稱代名詞) : 듣는 사람, 즉 청자를 가리킬 때 주로 쓰이는 대명사
로서 '너, 너희, 당신, 그대' 등이 있다.
* 3인칭대명사(3人稱代名詞) : 화자도 청자도 아닌 제 3자나 앞의 나온 사람을 받을
때 쓰이는 대명사로서 '그, 그들, 이들, 저들' 등이 있다.
* 재귀대명사(再歸代名詞) : 앞에 나온 대명사의 되풀이를 피할 때 쓰이는 대명사로
서 '자기, 저, 당신' 등이 있다.

❖ 한국어의 인칭대명사

	높임정도	예
1인칭	하대칭	저, 소생(小生), 소인(小人), 소자(小子), 과인(寡人)
	평대칭	나, 짐(朕), 본인(本人)
2인칭	하대칭, 평대칭	너, 너희, 당신
	존대칭	그대, 여러분, 댁(宅), 귀하(貴下), 선생, 자네
	극존대칭	어른, 어르신, 선생님
3인칭	하대칭	이자, 그자, 저자, 애, 걔, 쟤, 이애, 그애, 저애
	평대칭	그, 저, 이들, 그들, 저들
	존대칭	이이, 그이, 저이
	극존대칭	이분, 그분, 저분, 당신
미지칭	평대칭	누구 (*특정인물)
부정칭	평대칭	누구, 아무
재귀	평대칭	자기, 자신, 저, 제, 저희
	극존대칭	당신

3-2. 지시대명사

지시대명사(指示代名詞)는 현장에 있는 것이나 문맥, 기억 중의 것들을 가리켜 사용하는 대명사이다. 그리고 지시대명사는 사물이나 방향, 장소 등을 가리키는 대명사로 화자와 청자와의 거리에 따라 근칭, 중칭, 원칭으로 나눈다. 근칭, 원칭으로 나누어 사용하는 체계(영어, 중국어 등)와 근칭, 중칭, 원칭으로 나눠 사용하는 체계(일본어, 한국어 등)가 있다.

3-2-1. 일본어의 지시대명사

일본어의 지시대명사는 대부분 「こそあど」라고 불리는 4계열로부터 시작한다. 일반적으로 「コ」계열을 근칭, 「ソ」계열을 중칭, 「ア」계열을 원칭으로 분류하기도 하나, 엄격한 의미 용법으로 볼 때는 「ソ」계열이 중칭을 나타내지 않거나 「ア」계열을 원칭을 나타내지 않는 경우도 있어 주의를 요한다.

❖ 일본어의 지시대명사

		타칭(他称)			부정칭 (不定称)
		근칭 (近称)	중칭 (中称)	원칭 (遠称)	
지시대명사 (指示代名詞)	사물	これ	それ	あれ	どれ
	장소	ここ	そこ	あそこ	どこ
	방향	こちら こっち	そちら そっち	あちら あっち	どちら どっち

2-2-2. 한국어의 지시대명사

* 근칭대명사(近称代名詞) : 주로 '이'가 붙은 이것, 여기, 이리 등으로 화자에게
  가깝거나 화자의 관심대상을 가리킨다.

* 원칭대명사(遠称代名詞) : 주로 '저'가 붙은 저것, 저기, 저리 등으로 청자와 화자
  둘 다에게 멀거나, 청자의 관심 밖 대상을 가리킨다.

* 중칭대명사(中称代名詞) : 주로 '그'가 붙은 그것, 거기, 그리, 그 등으로 청자의
  관심에 있거나, 청자에게 가까운 대상을 가리킨다.

* 사물대명사(事物代名詞) : 주로 사물을 가리키는 대명사로 이것, 저것, 그것, 무
  엇 등이 있다.

* 장소대명사(場所代名詞) : 주로 장소를 가리키는 대명사로 여기, 저기, 거기, 어
  디 등이 있다.

* 방향대명사(方向代名詞) : 주로 방향을 가리키는 대명사로 이리, 저리, 그리 등으
  로 설정하거나, '이리가' '저리를'처럼 격조사가 붙기 어려운 성격 때
  문에 대명사보다는 부사에 가깝다고 할 수 있다.

❖ 한국어의 지시대명사

	사물	장소	방향	인칭
근칭	이것	여기	이리, 이쪽	이이
원칭	저것	저기	저리, 저쪽	저이
중칭	그것	거기	그리, 그쪽	그이
부정칭	무엇	어디	어느 쪽	누구

3-3. 한일 양언어의 대조

한일 양언어의 대명사는 정의와 분류 및 문장 상의 기능과 역할에서 거의 대부분 일치한다고 볼 수 있다. 특히 형태적인 측면에서의 「こ、そ、あ、ど」와 '이, 그, 저, 어느'의 거의 완벽한 대응은 한국어를 제1언어(모국어)로 하는 일본어 교수 학습자들에게 많은 도움을 주는 동시에, 일정 부분 간섭을 일으키는 요인으로 작용하기도 한다.

한편 일본어의 경우, 「この、その、あの、どの」는 그 자체로는 연체사(連体詞)로 분류되는데, 「かた」가 접속함으로써 대명사의 구실을 하게 된다. 그러나 한국어에서의 사물을 나타내는 지시대명사는 '이분', '저분'에서 보이는 것처럼 관형사(冠形詞)와 의존명사(依存名詞)의 합성어이다.

4 　수사

4-1. 수량사

4-1-1. 일본어의 수량사

수량사(数量詞)는 서수사(序数詞)와 달리 계측한 수량을 나타내는 수사(数詞)로 일의 도수를 나타내거나 사물의 수를 나타내거나 또는, 시간이나 길이, 무게, 넓이, 가격 등의 양을 나타내는 것 등이 있다. 중국 주변에서는 한수사(漢数詞)의 병용을 자주 볼 수 있다. 일본어나 한국어 외의 태국어의 기수사도 중국어에서 유래한 것이다.

〈예〉・一度、二回、三編、二時間、百円、五本、一個、四枚 등
　　　・ここにハガキが三枚あります。
　　　・あそこに猫が一匹います。

4-1-2. 한국어의 수량사

한국어의 수량사에는 고유어로 된 것과 한자어로 된 것이 있는데, 고유어는 고유어끼리 한자어는 한자어끼리 결합하는 특징이 있다. 많은 고유어 수량사들이 한자어 수량사에 밀려 사라졌다.

＊고유어로 된 대표적인 수량사

〈예〉·하나, 둘, 셋, 열, 스물, 온(한자어의 영향으로 사라졌다. 100을 나타낸다.)

＊한자어로 된 대표적인 수량사

〈예〉·일(一), 이(二), 삼(三), 사(四), 십(十), 백(百), 천(千) 등

4-2. 서수사

4-2-1. 일본어의 서수사

서수사(序数詞)는 사물의 순서의 수를 나타내는 수사로 조수사(助数詞)를 포함하는 형태가 일반적이다.

〈예〉·一の鳥居、第一、二番、五回、一つ、三個、四軒 등

·山田さん、練習問題の三番をやってください。

·第一編の第四章をあけなさい。

4-2-2. 한국어의 서수사

사물의 순서를 나타낼 때 쓰이는 수사이다.

〈예〉첫째, 둘째, 셋째, 넷째 등

4-3. 한일 양언어의 대조

수사(数詞)란 사물의 수, 수량이나 내용상의 순서를 가리키는 품사로 일본어에서는 명사의 하위분류로 보고 있지만, 한국어에서는 문장 상의 기능과 역할이 명사와 다르다고 보아 독립된 품사의 하나로 다루고 있다.

한일 양언어가 수를 나타내는 수사의 정의와 분류에서는 거의 일치하지만, 문장 속에서의 수사의 기능과 역할을 보는 관점에서는 많은 차이를 보이고 있다.

❖ **일본어와 한국어의 수사 대조**

일본어	한국어
工事の現場では安全が<u>第一</u>だ。(수사)	공사현장에서는 안전이 <u>제일</u>이다.(수사)
うちの家族は<u>四人</u>です。(수사)	우리 가족은 <u>네 명</u>입니다.(관형사 + 의존명사)
私はりんごを<u>一つ</u>買ってきた。(수사)	나는 사과를 <u>한 개</u> 사왔다.(관형사 + 의존명사)
<u>犬が二匹</u>います。(수사)	개가 <u>두 마리</u> 있습니다.(관형사 + 의존명사)

위의 표에서 볼 수 있듯이, 일본어에서는 「第一, 四人」 등은 조수사(助数詞)와 함께 쓰이긴 하지만 이 둘을 분리되지 않는 하나의 단어로 보아 수량명사(数量名詞)라고 한다. 따라서 나타내고 있는 수에 그 본질을 두고 있기 때문에 품사적으로는 수사(数詞)로 본다. 그러나 한국어의 경우는 「한, 두」는 조사(助詞)가 바로 접속하여 쓰일 수 없고 관형사(冠形詞)로서의 역할밖에는 할 수 없기 때문에 수사가 아니라 관형사로 보고 있다. 따라서 한국어에서는 수(数)와 순서(順序)를 나타내는 말만을 수사로 인정하고 있다. 단, 일수(하루, 이틀, 사흘, 나흘…), 월수(1월, 2월, 3월…) 등의 말들은 그 전체를 명사로 본다.

합성명사

5-1. 일본어의 합성명사

일본어에서는 두 개 이상의 단어가 합성되어 만들어진 명사를 합성명사(合成名詞)라고 한다.

① 명사 + 명사 : 山道、本箱、川魚

② 같은 명사 겹침 : 人々、国々、時々、われわれ

③ 동사 + 명사 : 忘れ物、入り口、出口

④ 형용사 + 명사 : うれし涙、青豆、長靴、近道、浅瀬

⑤ 명사 + 동사 : 砂あそび、稲刈、花見、水遊び、昼寝

⑥ 동사 + 동사 : 受け取り、押し入れ、食べ過ぎ、聞き取り

⑦ 형용사 + 동사 : 安売り、高飛び

⑧ 명사 + 형용사어간 : 足早、気短、手近

⑨ 형용사어간 + 형용사어간 : 遠浅、高低、細長、白黒、浅黒

⑩ 명사 + 조사 + 명사 : 茶の間、竹の子

⑪ 접두어가 붙은 명사

　・お〜 : お天気、お疲れ、お金、お茶

　・ご〜 : ご案内、ご相談、ご意見、ご苦労

　・す(素)〜 : す足、す手、す顔

　・ま(真)〜 : ま夏、ま昼、ま上、ま新しい

　・まっ(真っ)〜 : まっ白、まっ赤

　・まん(真ん)〜 : まん中、まん丸

　・とう(当)〜 : 当社、当銀行

・ぜん(前)〜 ：前大統領、前社長

⑫ 접미어가 붙은 명사

・〜たち ：私たち、君たち

・〜ら ：ぼくら、彼ら

・〜さま(さん) ：お月さま、お父さん

・〜だらけ ：油だらけ、借金だらけ

・〜かけ ：行きかけ、読みかけ

・〜がてら ：遊びがてら、花見がてら

・〜目 ：二回目、四代目

・〜さ ：大きさ、暑さ、寒さ

・〜み ：甘み、楽しみ

・〜け(げ) ：眠け、寒け、寂しげ

・〜か(化) ：民主化、現代化

★ 일본어는 합성어(복합어)가 될 때 발음상의 특별한 변화를 일으킨다.

・연탁현상(連濁現象) : 뒤에 오는 단어의 음이 대부분 탁음(濁音)이 된다.
〈예〉 ひとびと、わりばし

・모음교체(母音交替) : 앞에 오는 단어의 끝의 모음이 「あ段」으로 바뀐다.
〈예〉 酒(さけ) + 屋(や) → 酒屋(さかや)

・음운탈락(音韻脱落) : 음운이나 음절의 일부가 탈락한다.
〈예〉 河(か) + 原(はら) → 河原(かわら)

5-2. 한국어의 복합명사

한국어에서는 일본어에서의 합성명사를 복합명사(複合名詞)라고 한다.

① 명사 + 명사 : 논밭, 아들딸, 봄가을, 고추잠자리

② 관형사 + 명사 : 새해, 새마을, 헌옷

③ 관형사형 어미 + 명사 : 어린이, 큰아버지

④ 동사의 명사형 + 명사 : 갈림길, 비빔밥

⑤ 형용사어간 + 명사 : 늦더위

⑥ 부사 + 명사 : 부슬비

⑦ 한자어 : 부모, 우정

5-3. 한일 양언어의 대조

두 개 또는 그 이상의 단어가 합쳐져서 된 명사로서 일본어에서는 합성명사라 하고 한국어에서는 복합명사라 하는데, 한국어의 경우는 복합어의 하위 개념에 합성어가 있는 것이 일본어와의 차이점이라 할 수 있다.

6　전성명사

6-1. 일본어의 전성명사

원래 명사가 아닌 단어가, 그 어형 그대로 또는 형태가 바뀌어서 명사로 된 것을 일본어의 경우 전성명사(転成名辞)라고 한다.

① 동사에서 전성된 명사 : 終わり、休み、帰り、考え…

② 형용사 어간에 접미어 「さ、み、げ、め」가 붙어 전성된 명사
   : 暑さ、大きさ、楽しみ、甘み、眠げ、寒け、細め、太め、早め、多め…

③ 형용동사의 어간에 명사 접미어 「さ」가 붙어 전성된 명사
   : 静かさ、さわやかさ、好きさ、立派さ、丁寧さ、便利さ…

6-2. 한국어의 파생명사

일본어의 전성명사는 한국어의 파생명사(派生名詞)와 대응하는 경우가 많다.

① 동사 + 동사형어미(또는 접미사)에서 전성된 명사 : 물음, 잠, 놀이, 마개, 말하기

② 형용사 + 명사형 어미에서 전성된 명사 : 기쁨, 길이, 크기

③ 복합동사 + 명사형 어미에서 전성된 명사 : 해돋이, 나들이, 여닫이

6-3. 한일 양언어의 대조

일본어의 경우는 동사의 연용형(連用形)이 그대로 명사형(名詞形)으로 쓰이며, 형용사와 형용동사는 어간(語幹)에 접미사(接尾辞) 「さ、み、げ」(형용동사에는 「さ」만 접속)를 붙여서 명사화(名詞化)하지만, 한국어의 경우는 동사와 형용사 모두 어간에 접미사 또는 명사화 어미(語尾)인 「(으)ㅁ, 이, 기」를 붙여 명사형(名詞形)으로 만든다.

그런데 한일양언어에서의 전성명사와 파생명사는 모두 일본어의 합성명사 및 한국어의 복합명사의 하위분류에 속하는 것으로서 [5-1. 일본어의 합성명사, 5-2. 한국어의 복합명사]에서 함께 다루어야 했으나, 한일양언어의 명사에 대한 보다 상세한 대조 비교를 위해 편의상 분리하여 다루었다.

02

동사

1 동사의 정의

1-1. 일본어 동사의 정의

사람 또는 사물의 동작(動作), 존재(存在) 등을 나타내는 말이다.

- 동작 : 起きる、食べる、行く…
- 변화 : 乾く、増える、冷める、曲がる、死ぬ、腐る、動く…
- 상태 : 見える、目立つ…
- 존재 : いる、ある…
- 관계 : 関わる、属する、所有する…

1-2. 한국어 동사의 정의

사람 또는 사물의 움직임을 과정적(過程的)으로 표시하는 말이다.

- 구체적 움직임 : 읽다, 먹다
- 마음속의 움직임 : 사랑하다, 믿다
- 움직임을 지닌 상태 : 자다, 살다, 쉬다
- 사물의 작용 : 피다, 흐르다

1-3. 한일 양언어의 대조

한일 양언어의 동사(動詞)의 정의는 사람의 동작, 사물의 작용을 나타낸다는 점에서는 동일하다. 그러나 일본어의 경우는 존재를 나타내는 「ある、いる」가 동사에 속하나, 한국어에서는 존재를 나타내는 의미의 '있다'는 형용사에 속하며, '…하고 있다'의 경우에는 보조동사(補助動詞)로 본다. 또한 양언어 모두 동사의 정의만으로는 동사인지 형용사인지 경계가 모호한 경우가 있다. 예를 들면 일본어의 「できる、老いる、似る」는 의미상으로는 상태를 나타내는 형용사로 생각할 수 있으나, 어미가 「U音」으로 끝나기 때문에 동사로 분류한다. 즉 일본어의 품사분류에서는 형태를 중시하는 기준을 갖고 있음을 알 수 있다.

2   동사의 성격

2-1. 일본어 동사의 성격

- 자립어(自立語)이다.
- 활용(活用)이 있다.
- 용언(用言)의 하나이다.
- 단독으로 서술어(敍述語)가 될 수 있다.
- 기본형(基本形)의 어미(語尾)가 「U音」이다.

2-2. 한국어 동사의 성격

- 자립어이다.
- 활용이 있다.
- 용언의 하나이다.
- '무엇이 (무엇을) 어찌한다'의 틀을 채울 수 있다.
- 기본형의 어미가 '-다'이다.

2-3. 한일 양언어의 대조

한일 양언어의 동사는 모두 용언의 하나이며, 자립어이고 활용이 있으며, 단독으로 술어가 될 수 있으므로 성질상 거의 비슷하다. 그러나 형태적으로 일본어는 기본형의 어미가 「U음」이고, 한국어는 '-다'인 점에서 서로 다르다.

그리고 동사 검증의 방법의 하나로서, 일본어의 경우는 「U음」인가 아닌가로 판단할 수 있지만, 한국어는 형용사도 '-다'로 끝나기 때문에, 한국어의 경우 동사를 검증할 때는 '무엇이 (무엇을) 어찌한다'의 조건을 채울 수 있는지와 '-ㄴ다/-는다' 또는 '-어라', '-자' 등과 결합할 수 있는지의 여부로 동사와 형용사를 구분한다.

3 동사의 활용

한일 양언어 모두 동사는 용언(用言)의 하나로 어간(語幹)과 어미(語尾)로 구별되며, 어미가 활용한다. 그러나 일본어 동사의 활용은 어미가 뒤에 접속되는 용법에 따라 변화하는 것을 의미하는 것에 반해, 한국어 동사의 활용은 어미 자체가 문법적 기능에 따라 여러 가지 모습으로 바뀌는 것을 활용이라 한다.

즉, 일본어 동사의 어미는 뒤에 어떤 조동사(助動詞)나 조사(助詞)가 오느냐에 따라 어미 형태를 바꾸는 것에 비해, 한국어 동사의 어미는 일본어의 조동사나 조사가 맡고 있는 역할을 담당하고 있다. 그러므로 한국어 동사의 어미는 일본어에 비해 그 종류와 의미가 무척 다양하다.

3-1. 일본어 동사의 활용

일본어 동사의 활용을 살펴보면, 활용 형태에서의 결합 순서는 어간(語幹) + 어미 (語尾) + 조동사(助動詞) 또는 조사(助詞)의 순서를 취한다. 물론 명령형(命令形), 연 체형(連体形)의 경우는 뒤에 다른 조동사나 조사와 결합하지 않는다.

「読む」를 예로 들어 일본어 동사의 활용 형태 및 활용형을 살펴보기로 하자.

(1) 미연형(未然形) : <u>読ま</u>ない

동작이나 작용이 아직 이루어지지 않고 있거나 이제부터 하려고 한다는 뜻을 나타내 는 형태이다. 조동사「ない」, 「う」, 「よう」, 「せる」, 「させる」, 「れる」, 「られる」, 「ぬ (ん)」 등과 접속된다.

(2) 연용형(連用形) : <u>読み</u>ます

① 조동사「ます」, 「たい」, 「た」, 「そうだ」, 조사「ながら」, 「て」, 「ても」, 「たり」, 「に」, 「さえ」 등과 접속된다.

② 문장을 중지시킨다.

〈예〉・よく<u>働き</u>、くっすり<u>眠り</u>、美味しく食べます。

③ 조사「に」를 붙여 동작의 목적을 나타낸다.

〈예〉・図書館へ本を<u>読み</u>に行きます。

④ 전성명사(転成名詞)가 될 수 있다.

〈예〉・<u>遊び</u>(놀이), <u>習い</u>(배움), <u>知り合い</u>(아는 사이), <u>引っ越し</u>(이사)

⑤ 다른 동사나 명사 등과 이어져서 복합어(複合語)를 만든다.

〈예〉・食べ + 物-食べ物, 飲み + 物-飲み物, 書き + 直す-書き直す

(3) 종지형(終止形) : <u>読む</u>

① 문장을 끝마치는 형태이다. 기본형이기도 하다.

　〈예〉· 本を<u>読む</u>。

　　　· ごはんを<u>食べる</u>。

② 「と」, 「けれども」, 「が」, 「のに」, 「から」 등의 조사와 접속한다.

　〈예〉· 本を読むには<u>読むが</u>、意味は全然知らない。

　　　· この道をまっすぐ<u>行くと</u>、銀行があります。

③ 조동사 「そうだ(伝聞)」, 「まい(五段動詞)」, 「らしい」 등에 접속한다.

(4) 연체형(連体形) : <u>読む</u>とき

① 체언에 이어지는 형태로 명사에 이어져 그 뜻을 수식한다.

　〈예〉· 本を<u>読む</u>とき。

② 조동사 「ようだ」와 접속된다.

　〈예〉· あの子はもう本を<u>読む</u>ようです。

③ 조사 「の」, 「ので」, 「ばかり」, 「だけ」, 「ほど」, 「くらい」 등과 접속한다.

(5) 가정형(仮定形) : <u>読め</u>ば

조사 「ば」와 접속되는 형태로 가정의 뜻을 나타낸다.

(6) 명령형(命令形) : <u>読め</u>

명령의 뜻으로 문장을 끝마친다.

3-2. 한국어 동사의 활용

한국어 동사의 활용 형태는 어간 뒤에 어떤 어미가 오느냐에 따라 종결형(終結形), 연결형(連結形), 전성형(転成形)으로 나누어지고, 그것은 다시 평서형 종결형(平敍形 終結形), 의문형 종결형(疑問形 終結形), 대등적 연결형(対等的 連結形), 보조적 연결형(補助的 連結形), 종속적 연결형(従属的 連結形), 관형사형 전성형(冠形詞形 転成形), 명사형 전성형(名詞形 転成形) 등으로 세분된다.

① 평서형 종결형(平敍形 終結形) : 책을 <u>읽는다.</u>
② 의문형 종결형(疑問形 終結形) : 책을 <u>읽느냐.</u>
③ 대등적 연결형(対等的 連結形) : 책을 <u>읽고,</u>
④ 보조적 연결형(補助的 連結形) : 책을 <u>읽어</u>
⑤ 종속적 연결형(従属的 連結形) : 책을 <u>읽으니</u>
⑥ 관형사형 전성형(冠形詞形 転成形) : 책을 <u>읽는</u> 사람
⑦ 명사형 전성형(名詞形 転成形) : 책을 <u>읽기</u>가 좋다.

또한 한국어 동사의 어미는 어말어미(語末語尾)와 선어말어미(先語末語尾)로 나누어지는데, 그 결합은 일반적으로 어간(語幹) + 선어말어미(先語末語尾) + 어말어미(語末語尾)의 순서를 취한다.

참고로 한국어의 어말어미와 선어말어미의 종류를 살펴보면 다음과 같다.

★ **어말어미(語末語尾)** : 단어의 끝에 오는 폐쇄 형태소.

ⓐ 종결어미(終結語尾)
 • 평서형(平敍形) : -는다, -(으)ㅂ니다, -네, -(으)오

- 감탄형(感歎形) : -는구나, -로구나, -구려, -구나, -도다
- 명령형(命令形) : -어라, -게, -(으)십시오, -(으)오, -(어)요
- 의문형(疑問形) : -느냐, -는가, -니, -ㅂ니까, -오, -가
- 청유형(請誘形) : -자, -세, -(으)십시다, -아/어, -(으)ㅂ시다

ⓑ 연결어미(連結語尾)
- 대등적 연결어미(対等的 連結語尾) : 고, 면서, 며, 지만, 나(문장의 대등적 접속) 든지,
　　　　　　　　　　　　　　　 ~든지, 거나~거나, 락~-락(반대 개념 접속)
- 종속적 연결어미(従属的 連結語尾) : 면, 니, 는데, 려고, 니까, ㄹ수록, ㄹ뿐더러
- 보조적 연결어미(補助的 連結語尾) : 어/아, 게, 지, 고(보조용언을 본용언에 이어주는
　　　　　　　　　　　　　　　 기능)

〈예〉· 인생은 짧고 예술은 길다.
　　 · 볕이 나면서 비가 오나.
　　 · 가든지 오든지 마음대로 해라.
　　 · 서리가 내리면 잎이 빨갛게 물든다.
　　 · 봄이 되니 날씨가 따뜻하다.
　　 · 비가 오는데 어디로 가느냐?
　　 · 서가에 책이 많이 꽂혀(꽂히어) 있다.
　　 · 아이들이 공을 차고 있다.
　　 · 나도 대회에 참가하게 되었다.
　　 · 아직 아무도 오지 않았다.

ⓒ 전성어미(転成語尾)
- 관형사형어미(冠形詞形語尾) : (으)ㄴ, 는, -(으)ㄹ, 던
- 명사형어미(名詞形語尾) : 기, (으)ㅁ

〈예〉· 도서관은 책 읽는 사람들로 붐볐다.
　　 · 청소를 끝낸 반은 집으로 돌아가시오.
　　 · 이것은 제가 쓰던 연필입니다.
　　 · 해야 할 일이 아직도 많다.

・학교에 <u>가기</u> 싫어하는 사람도 많다.
・나는 철수의 성격이 <u>원만함</u>을 알고 있다.

★ **선어말어미(先語末語尾)** : 그 자체만으로는 단어를 완성시킬 수 없는 개방 형태소.

ⓐ 주체높임 : -시-(어미와의 결합 비율이 가장 높다)

ⓑ 시제 : -는-/-ㄴ-(현재), -었/았-(과거), -겠(미래)

　　　(대부분의 어미와 결합될 수 있다)

ⓒ 공손 :-옵-/-오-(구어체보다는 문어체에서 자주 볼 수 있다)

3-3. 한일 양언어의 대조

　이상에서 살펴본 바와 같이, 한일 양언어의 동사의 활용 형태는 일대일 관계로 대응은 하지 않는다. 그것은 일본어의 6가지 활용형의 어미가 그것 자체로서는 의미를 지니지 않고 뒤에 오는 조동사나 조사가 접속되어야만 비로소 일정한 의미를 지니나, 한국어의 경우는 어미 자체가 다양한 의미를 지니고 있기 때문이다. 그러나 동사의 활용형태 면에서만 양언어를 비교하자면, 일본어의 종지형어미(終止形語尾)와 한국어의 평서형(平敍形) 해라체(-는다/-ㄴ다)가 그 쓰임이 같고, 일본어의 연체형어미(連体形語尾)와 한국어의 관형형어미(冠形詞形語尾)(-는) 및 일본어의 연결형어미(連用形語尾)와 한국어의 명사형전성어미(名詞形転成語尾)(-음, -기)의 용법이 같으며, 일본어의 명령형(命令形)이 한국어의 명령형종결어미(命令形終結語尾) 해라체(-어/-아라)와 같은 정도로 볼 수 있다.

　〈예〉・本を<u>読む</u>。
　　　　책을 <u>읽는다</u>.

・本を<u>読む</u>ひと

　책을 <u>읽는</u> 사람

・本を<u>読み</u>

　책을 <u>읽기</u>

・本を<u>読め</u>。

　책을 <u>읽어라</u>.

　즉, 한일 양언어의 동사는 모두 활용을 하며, 어간과 어미로 구별되는 점에 있어서 동일하다. 그러나 일본어의 경우는 어미가 기본형의 어미가 속하는 그 한 행에서만 여섯 가지 활용을 하며 어미 그 자체에는 별다른 의미가 없이 형태적으로만 활용을 하는 데 비해, 한국어의 경우는 어미 자체에 다양한 의미와 문법적 기능을 갖고 있는 점에서 서로 다르다.

4 　동사의 종류

4-1. 오단활용동사

기본형	어간	미연형	연용형	종지형	연체형	가정형	명령형
読む	よ	ま も	み (ん)	む	む	め	め
중요 용법		ない, う, れる, せる 등과 접속	ます, た, て 등에 이어짐	문을 끝마침 と, が 등에 이어짐	체언에 이어짐	ば에 이어짐	명령의 뜻으로 마침

기본형(基本形)「読む」는 어간이「よ」이고, 활용어미(活用語尾)「む」는「ま、み、む、め、も」오단(五段)에 걸쳐 활용한다. 이와 같이 오단에 걸쳐 활용하기 때문에 오단활용동사(五段活用動詞)라고 한다. 음편(音便) 현상을 제외하면 한국어의 규칙활용동사(規則活用動詞)의 활용과 유사하다고 볼 수 있다.

★ 특수한 오단활용동사

존재의 뜻을 나타내는 동사「ある」는 오단(五段)에 걸쳐 활용을 하지 않고, 미연형(未然形)「あら」가 없으므로「あらない、あらせる」라는 표현이 없으며, 또한 명령형(命令形)도 없다. 이처럼 오단활용동사로는 불완전하지만 예외적으로 오단활용동사에 포함시킨다.

한국어의 동사 중 '데리다, 가로다' 등이 불완전한 활용을 하는 경우와 마찬가지라고 볼 수 있다.

〈예〉데리다
　　　동생을 데리고 가거라.
　　　동생을 데려 오너라.
　　　동생을 데린다. (×)
　　　동생을 데려라. (×)

따라서 한국어의 경우 위의 '데리다'와 같은 동사는 연결형(連結形)으로는 활용할 수 있지만, 종결형(終結形)이나 명령형(命令形)의 활용은 하지 못하므로 '불완전동사'라 한다.

그리고 일본어의 오단활용동사 중「なさる、いらっしゃる、おっしゃる、くださる」는 연용형(連用形)과 명령형(命令形)이 다른 오단활용동사와는 다른 특별한 활용을 한다.

기본형	어간	미연형	연용형	종지형	연체형	가정형	명령형
なさる	なさ	ら ろ	い (っ)	る	る	れ	い
いらっしゃる	いらっしゃ	ら, ろ	い, (つ)	る	る	れ	い
おっしゃる	おっしゃ	ら, ろ	い, (つ)	る	る	れ	い
くださる	くださ	ら, ろ	い, (つ)	る	る	れ	い
중요 용법		ない, う 등과 접속	ます, た, て 등에 이어짐	문을 끝마침. と, が 등에 이어짐	체언에 이어짐	ば에 이어짐	명령의 뜻으로 마침. 특수한 형태

※「ござる」는 연용형(連用形)과 종지형(終止形)만 있으며 연용형 활용은 ござい(ます)이다. 따라서 일본어의 '불완전동사'라 할 수 있다.

★ 오단활용동사의 음편

「サ行」을 제외한 오단활용동사의 연용형(連用形)에 조동사「た」, 조사「て、たり」가 접속할 경우에 음(音)의 변화가 일어나는 현상을 동사의 음편(音便)이라고 한다. 음편에는「イ」음편(イ音便), 촉음편(促音便), 발음편(撥音便)의 세 종류가 있다.

(1)「イ」음편

오단활용동사의 연용형에「た、て、たり」가 이어질 때 활용어미「き」가「い」로 변하는 것. 동사의 어미가「ガ行」인 경우에는「た、て、たり」가「だ、で、だり」로 된다.

〈예〉·聞く → 聞きます → 聞きて(た、たり) → 聞いて(た、たり)

·泳ぐ → 泳ぎます → 泳ぎで(だ、だり) → 泳いで(だ、だり)

단, 「行く」는 예외로 촉음편(促音便)에 속한다.

·行く → 行きます → いきて → 行って

(2) 촉음편

오단활용동사의 연용형에 「た、て、たり」가 이어질 때 활용어미 「ち、い、り」가 촉음 「っ」로 변하는 것을 촉음편(促音便)이라고 한다.

〈예〉・知る → 知ります → 知りて(た、たり) → 知って(た、たり)

・立つ → 立ちます → たちて(た、たり) → 立って(た、たり)

・思う → 思います → 思いて(た、たり) → 思って(た、たり)

(3) 발음편

오단활용동사의 연용형에 「た、て、たり」가 이어질 때 활용어미 「に、び、み」가 발음 「ん」으로 변하는 것을 발음편(撥音便)이라고 한다. 발음편이 될 때에는 「た、て、たり」가 「だ、で、だり」로 된다.

〈예〉・死ぬ → 死にます → 死にて → 死んで(だ、だり)

・飛ぶ → 飛びます → 飛びて → 飛んで(だ、だり)

・読む → 読みます → 読みて → 読んで(だ、だり)

4-2. 상일단활용동사

동사가 활용을 할 때 「ウ段」을 중심으로 일단(一段) 위인 「イ段」(上一段)에서 모든 활용이 이루어지는 동사를 상일단활용동사(上一段活用動詞)라고 한다.

기본형	어간	미연형	연용형	종지형	연체형	가정형	명령형
起きる	お	き	き	きる	きる	きれ	きろ きよ
중요 용법		ない, う, れる, せる 등과 접속	ます, た, て 등에 이어짐	문을 끝마침. と, が 등에 이어짐	체언에 이어짐	ば 에 이어짐	명령의 뜻으로 마침

위에서 보이는 바와 같이, 어간은 「お」이고, 활용어미는 「き、き、きる、きる、き れ、きろ(きよ)」이다. 즉, 활용어미가 「ア、イ、ウ、エ、オ」의 오단(五段)을 중심으로 하여 「ウ段」보다 일단(一段) 위인 「イ段」에서만 활용을 하고 있다. 단, 2음절 동사인 「見る、居る、着る」 등은 어간과 어미를 구별할 수 없는 동사로 본다.

4-3. 하일단활용동사

동사가 활용을 할 때 「ウ단」을 중심으로 일단(一段) 아래인 「エ段」(下一段)에서 모든 활용이 이루어지는 동사를 하일단활용동사(下一段活用動詞)라고 한다.

기본형	어간	미연형	연용형	종지형	연체형	가정형	명령형
食べる	た	べ	べ	べる	べる	べれ	べろ べよ
중요 용법		ない, う, れる, せる 등과 접속	ます, た, て 등에 이어짐	문을 끝마침. と, が 등에 이어짐	체언에 이어짐	ば 에 이어짐	명령의 뜻으로 마침

위에서 보는 바와 같이 어간은 「た」이고, 활용어미는 「べ、べ、べる、べる、べれ、 べろ(べよ)」이다. 즉, 활용어미가 「ア、イ、ウ、エ、オ」의 오단(五段)을 중심으로 하여 「ウ段」보다 일단(1段) 아래인 「エ段」에서만 활용을 하고 있다. 단, 2음절 동사인 「寝る、得る、経る」 등은 어간과 어미를 구별할 수 없는 동사이다.

그리고 「くれる」의 명령형은 「くれろ(よ)」로 하지 않고 「くれ」로 한다. 「得る」는 완전히 구어화(口語化)되지 않았기 때문에 문어(文語)인 「うる」로 쓰일 경우도 있다. (예: あり<u>うる</u>こと(있을 수 있는 일))

★ 형태는 상·하일단동사와 닮았지만 오단활용동사에 속하는 것

走る(달리다)

帰る(돌아가다, 돌아오다)

入る(들어가다, 들어오다)

滑る(미끄러지다)

参る(가다, 오다, 참배하다)

あせる(초조해하다)

要る(필요하다)

照る(비추다)

知る(알다)

ひねる(비틀다)

切る(끊다)

うねる(굽이치다)

限る(제한하다, 한정하다)

混じる(섞이다, 어울리다)

4-4. 力행변격활용동사

일정한 규칙이 없이 「力行」을 중심으로 변칙적으로 활용하므로, 力행변격활용동사(力行変格活用動詞)라고 한다.

기본형	어간	미연형	연용형	종지형	연체형	가정형	명령형
来る	○	こ	き	くる	くる	くれ	こい
중요 용법		ない, う 등과 접속	ます, た, て 등에 이어짐	문을 끝마침. と, が 등에 이어짐	체언에 이어짐	ば 에 이어짐	명령의 뜻으로 마침

4-5. サ행변격활용동사

일정한 규칙이 없이 「サ行」을 중심으로 변칙적으로 활용하므로, サ행변격활용동사 (サ行変格活用動詞)라고 한다.

기본형	어간	미연형	연용형	종지형	연체형	가정형	명령형
する	○	し させ せ	し	する	する	すれ	しろ せよ
중요 용법		ない, う 등과 접속	ます, た, て 등에 이어짐	문을 끝마침. と, が 등에 이어짐	체언에 이어짐	ば 에 이어짐	명령의 뜻으로 마침

★「する」와 합성한 합성동사

「サ行」 변격활용동사는 본래 「する」 하나뿐이나, 다른 말과 합성된 「サ行」 변격활용동사가 많다. 예를 들면 다음과 같다.

① 고유어 + する

〈예〉・うわさする(소문을 내다)

・あくびする(하품하다)

・おともする(동반하다)

・くみする(가담하다)

・おねがいする(부탁하다)

② 한자어(동작이나 작용을 나타내는 명사 + する)

〈예〉・勉強する(공부하다)

・掃除する(청소하다)

・成功する(성공하다)

· 研究する(연구하다)

· 運動する(운동하다)

· 命令する(명령하다)

③ 외래어 + する

〈예〉· マスタする(마스터하다)

· リードする(리드하다)

· スケッチする(스케치하다)

· ノックする(노크하다)

· キャッチする(캐치하다)

· スケッチする(스케치하다)

④ 한 자(字)의 한자어 + する

〈예〉· 愛する(사랑하다)

· 略する(생략하다)

· 訳する(번역하다)

· 論ずる(논하다)

· 感ずる(느끼다)

· 信ずる(믿다)

⑤ 형용사의 어간 + 접미어 「み」 + する(「み」가 발음편으로 「ん」이 된다)

〈예〉· 軽んずる(얕보다)

· 甘んずる(만족하다)

· 案ずる(궁리하다)

· 重んずる(중요시 하다)

⑥ 명사 + に + する(「に」가 발음편으로 「ん」이 된다)

〈예〉· 先んずる(앞서하다)

4-6. 한일 양언어의 대조

일본어나 한국어 모두 활용 형태에 따라 동사를 분류하지만, 일본어의 동사는 오단활용동사, 상일단활용동사, 하일단활용동사, カ행변격활용동사, サ행변격활용동사의 5종류로 나뉘는 것에 비해, 한국어의 동사는 규칙활용동사와 불규칙활용동사의 2종류로 비교적 간단하다. 그러나 한국어의 경우는 규칙활용과 불규칙활용 중에서도 여러 가지 음운규칙에 따라 같은 형태를 하고 있는 동사라 하더라도 규칙활용을 하는 동사와 불규칙활용을 하는 동사로 나뉘어져 일본어보다 훨씬 복잡한 활용 양상을 보이고 있다.

★ 한국어의 어간불규칙동사(語幹不規則動詞)

- '人' 불규칙동사 : 어간의 끝소리 '人'이 모음 앞에서 탈락되는 현상을 '人' 불규칙이라고 한다.

  〈예〉짓다→짓고, 짓지, 짓더라, 지어, 지으니

- 'ㅂ' 불규칙동사 : ㅂ이 ㅁ어미 앞에서 /w/로 변하는 현상을 'ㅂ' 불규칙활용이라 한다.

  〈예〉줍다→줍고, 줍지, 주워, 주우면

- 'ㄷ' 불규칙동사 : 모음의 어미 앞에서 'ㄷ'이 'ㄹ'로 바뀌는 현상을 'ㄷ' 불규칙이라고 한다.

  〈예〉묻다(問)→묻고, 묻지, 묻더라, 물어, 물으니

- '르' 불규칙동사 : '르'가 모음어미 앞에서 '으'가 탈락되고, 'ㄹ'이 덧생겨서 형태를 바꾸는 현상을 '르' 불규칙이라고 한다.

  〈예〉흐르다→흐르고, 흐르지, 흐르더라, 흐르며, 흘러, 흘렀다

- '우' 불규칙동사 : 어간의 끝소리 '우'가 모음 앞에서 탈락하는 현상을 '우' 불규칙이고 한다.

〈예〉 푸다 → 푸고, 푸지, 푸더라, 퍼, 펐다

★ 한국어의 어미불규칙동사(語尾不規則動詞)

- '여' 불규칙 : '~ 하다'로 된 동사는 자음어미(子音語尾)가 결합되면 어미에 변화가 생기지 않으나 모음어미(母音語尾)가 결합하면 어미가 불규칙적으로 활용한다.

  〈예〉하다 → 하 + 어 → 하여, 하여라, 하였다(어미의 첫소리 '어'가 '여'로 바뀜)

- '러' 불규칙 : 자음어미가 결합되면 어미에 변화가 생기지 않으나 '어' 계통의 어미와 결합하면 '러'로 바뀐다.

  〈예〉이르다 → 이르 + 어 → 이르러(어미의 첫소리 '어'가 '러'로 바뀜)

- '거라' 불규칙 : '가고, 가서, 가니…'와 같이 일반적인 어미가 결합되면 어미가 변하지 않으나 명령형어미 '어라'가 결합되면 '가어라'가 아니고 '가거라'가 된다.

  〈예〉가다 → 가 + 어라 → 가거라(명령형 어미 '어라'가 '거라'로 바뀜)

- '너라' 불규칙 : '오고, 오면, 오니…'와 같이 일반적인 어미가 결합되면 어미가 변하지 않으나 명령형어미 '어라'가 결합되면 '너라'로 바뀐다.

  〈예〉오다 → 오 + 어라 → 오너라(명령형어미 '어라'가 '너라'로 바뀜)

즉 한일 양언어 모두 동사가 활용할 때 규칙적인 발음규칙을 벗어나서 예외적으로 불규칙적인 활용을 하는 것이 있는데, 그 중에서 어미가 불규칙적으로 활용하는 것이 일본어에서는 음편(音便) 현상이며, 한국어에서는 어미불규칙활용(語尾不規則活用)이다. 따라서 일본어의 음편 현상은 한국어의 경우 불규칙활용 중에서 어미가 불규칙적으로 변하는 동사의 활용에 해당한다.

그리고 일본어의 오단활용동사(음편 현상 제외), 상일단활용동사, 하일단활용동사는 대부분 한국어의 규칙활용을 하는 동사에 해당한다. 즉 일본어의 상일단활용동사와 하일단활용동사의 2음절어 동사만 제외하고는 규칙적인 활용을 한다고 볼 수 있다. 이런 점에서 볼 때, 일본어의 오단활용동사(음편 현상 제외), 상일단활용동사, 하일단활용동사는 한국어의 규칙활용동사와 활용의 성격에서 서로 닮았다고 할 수 있다.

한편 한국어의 경우, 어간이나 어미가 바뀌더라도 받침규칙이나, 자음동화(子音同化), 모음조화(母音調和), '으', 'ㄹ'의 탈락 등 보편적인 음운규칙(音韻規則)으로 설명이 되는 경우는 규칙활용(規則活用)에 속한다고 본다.

〈예〉· 먹다→먹고, 먹으니, 먹어서, 먹어라, 먹자…

· 잡다→잡고, 잡으니, 잡아서, 잡아라, 잡자…(모음조화)

· 놀다→놀고, 놀아라, 놀자, 노는, 노느냐, 노시고…('ㄹ' 탈락현상 : 는, 느, 시 등 선어말어미 앞이나 'ㄴ, ㅂ, 오, 시' 앞에서 'ㄹ'이 탈락된다.)

· 쓰다→쓰고, 쓰니, 쓰자, 써라, 써…('으' 탈락현상 : 모음으로 된 어미 앞에서 자동적으로 탈락됨)

❖ **한일 양언어의 활용 형태에 따른 분류**

구분 활용형태	일본어	한국어
규칙활용	오단활용동사 (음편현상 제외) 상·하일단활용동사 (2음절동사 제외)	어간, 어미의 형태 변화가 없이 활용하는 동사 보편적인 음운규칙에 따라 활용하는 동사
불규칙활용	カ행변격활용동사 サ행변격활용동사	어간이 바뀌는 동사
	음편을 일으키는 오단활용동사	어미가 바뀌는 동사
활용의 불완전	ある、ござる (예외적인 오단활용동사)	불완전동사 (데리다, 가로다, 대하다, 비롯하다 등)
특별한 활용	いらっしゃる、おっしゃる、 くださる、なさる	

❖ 한국어의 불규칙활용

활용부분	불규칙 활용명칭	내 용	용 례	비고(규칙활용용례)
어간	'ㅅ' 불규칙	'ㅅ'이 모음 어미 앞에서 떨어지는 현상	낫(다) + 아 → 나아	짓 + 고 → 짓고 벗 + 어 → 벗어
	'ㄷ' 불규칙	'ㄷ'이 모음 어미 앞에서 'ㄹ'로 변하는 현상	묻 + 어 → 물어 듣 + 어 → 들어	묻 + 어 → 묻어 얻 + 어 → 얻어
	'ㅂ' 불규칙	'ㅂ'이 모음 어미 앞에서 'ㄹ'로 변하는 현상	돕 + 아 → 도와	잡 + 아 → 잡아 뽑 + 아 → 뽑아
	'르' 불규칙	'르'가 모음 어미 앞에서 'ㄹㄹ'형태로 변하는 현상	흐르 + 어 → 흘러 누르 + 어 → 눌러	흐르 + 고 → 흐르고 치르 + 어 → 치러
	'우' 불규칙	'우'가 모음 어미 앞에서 떨어지는 현상	푸 + 어 → 퍼	푸 + 고 → 푸고 누 + 어 → 누어/눠
어미	'여' 불규칙	어간이 '하'로 끝나는 용언에 모음 어미 '아'가 '여'로 바뀌는 현상	하 + 아 → 하여 히 + 어서 → 하여서	파 + 아 → 파
	'러' 불규칙	어간이 '르'로 끝나는 용언에 모음 어미 '어'가 '러'로 바뀌는 현상	푸르 + 어 → 푸르러 이르 + 어 → 이르러	치르 + 어 → 치러
	'거라' 불규칙	명령형 어미 '어/아라'가 '거라'로 바뀌는 현상	가 + 아라 → 가라 자 + 아라 → 자거라	먹 + 어라 → 먹어라 (규칙활용으로도 볼 수 있음)
	'너라' 불규칙	명령형 어미 '어/아라'가 '너라'로 바뀌는 현상	오 + 어라 → 오너라	와라, 먹어라
	'오' 불규칙	'달-/다-'의 명령형 어미가 '오'로 바뀌는 현상	다 + 아 → 다오	주어라
어간어미	'ㅎ' 불규칙	'ㅎ'으로 끝나는 어간에 '아/어'가 오면, 어간의 일부인 'ㅎ'이 없어지고 어미도 변하는 현상	하얗 + 아서 → 하얘서 파랗 + 아 → 파래	좋 + 아서 → 좋아서

• 자동사 : 동작이 남이나 다른 대상에 미치지 않고 주체에만 이루어지는 동사를 말한다. 일반적으로 목적격 조사「を」를 취하지 않는다. 즉 목적어를 필요로 하지 않는다.

〈예〉· 雨が降る。(비가 온다.)
　　　· 子供が泣く。(아이가 운다.)

• 타동사 : 주체의 동작이 남이나 다른 대상에 미치는 동사를 말한다. 일반적으로 목적격 조사「を」를 취한다. 즉 목적어를 필요로 한다.

〈예〉· 田中が木村を殴る。(다나카가 기무라를 때린다.)
　　　· 田中が木村にお金をあげる。(다나카가 기무라에게 돈을 준다.)

한국어의 경우도 자동사는 움직임이 주어에만 미치는 동사이며, 타동사는 움직임이 주어 이외에 목적어에도 미치는 동사로 정의하고 있는 점에서, 한일 양언어에서의 자동사와 타동사는 의미 용법상 거의 일치한다고 할 수 있다.

5-1. 자동사와 타동사의 어형이 같은 것

〈예〉· 増す → 水が増す。: 水を増す。
　　　· 笑う → 人が笑う。: 人を笑う。
　　　· 吹く → 風が吹く。: 笛を吹く。

대부분의 자동사와 타동사는 어형이 다르나 이처럼 어형이 같은 동사가 있는데, 일본어와 마찬가지로 한국어도 자동사와 타동사의 어형이 같은 동사가 있다.

〈예〉·불다 → 바람이 불다. : 나팔을 불다.

·돌다 → 머리가 돌다. : 시내를 돌다.

·놀다 → 아이가 논다. : 윷을 논다.

·넘다 → 물이 넘다. : 산을 넘다.

그러나 이러한 동사는 앞에 오는 명사구(名詞句)가 동일하지 않으므로 글자 형태만 같을 뿐이지 내용은 전혀 다르다. 앞에 오는 명사구마저도 같이 사용되는 능격동사(能格動詞)와는 구별된다.

5-2. 자동사와 타동사가 대응관계를 이루는 것

〈예〉·起きる ↔ 起こす

·落ちる ↔ 落とす

·切れる ↔ 切る

·焼ける ↔ 焼く

·出る ↔ 出す

·増える ↔ 増やす

·開く ↔ 開ける

·立つ ↔ 立てる

일본어의 동사는 자동사와 타동사가 대응 관계를 이루는 경우가 많은 데 비해, 한국어는 본래부터 자동사와 타동사가 대응 관계를 이루고 있는 경우도 있지만, 타동사에 피동접미사 '이, 히, 리, 기'가 붙어서 자동사가 되는 것도 있고, 자동사에 사동접미사 '이, 히, 리, 기, 우, 구, 추'가 붙어서 타동사가 되는 것도 있다.

* 한국어의 원래부터의 자동사와 타동사 대응

　〈예〉· 나다 ↔ 내다
　　　· 흐르다 ↔ 흘리다

* 한국어에서 접미사가 붙어 자동사와 타동사가 대응하는 것

　〈예〉· 앉다 ↔ 앉히다
　　　· 식다 ↔ 식히다
　　　· 붙다 ↔ 붙이다
　　　· 숨다 ↔ 숨기다

5-3. 자동사만 있고 타동사는 없는 것

　〈예〉· 行く → 学校へ行く。
　　　· 老いる → 母ももう老いていく。
　　　· 痩せる → あたしもあんたみたいに痩せたい。
　　　· 来る → 春が来る。

5-4. 타동사만 있고 자동사가 없는 것

　〈예〉· 打つ → 太鼓を打つ。
　　　· 着る → ドレスを着る
　　　· 試みる → 自分の実力を試みる。
　　　· 蹴る → ボールを蹴る。

한국어의 동사도 자동사와 타동사가 서로 대응 관계를 이루고 있는 경우가 있는가
하면, 타동사는 없고 자동사만 있는 동사가 있는데, 이는 일본어 동사의 경우와 거의
같다고 할 수 있다. 그러나 일본어에서의 「老いる(늙다)」, 「ある(있다)」 등은 자동사인
데 비해, 한국어의 '늙다', '있다'는 형용사인 점 등은 주의를 요한다.

* 자동사만 있는 것

  〈예〉 가다, 오다 등

* 타동사만 있는 것

  〈예〉 치다, 입다, 시험하다, 차다 등

5-5. 조사 「を」를 필요로 하는 자동사

  〈예〉・飛ぶ → 空を飛ぶ。(하늘을 날다.)

    ・離れる → 家を離れる。(집을 떠나다.)

    ・去る → 故郷を去る。(고향을 떠나다.)

    ・過ぎる → まちかどを過ぎる。(길모퉁이를 지나다.)

    ・のぼる → 坂をのぼる。(언덕을 오르다.)

    ・歩く → 運動場を歩く。(운동장을 걷다.)

    ・出る → 部屋を出る。(방을 나가다.)

위와 같은 경우의 조사 「を」는 목적격을 나타내는 것이 아니라 장소의 이동을 나타
내는 것으로, 이러한 동사를 이동동사(移動動詞)라고도 한다.

5-6. 양용동사

동일한 명사구(名詞句)를 사용하면서 자동사와 타동사 양쪽으로 다 쓰이는 경우의 동사를 양용동사(両用動詞)라 한다.

〈예〉・増す → 水が増す。：水を増す。

・終わる → 授業が終わります。：これで授業を終わります。

・減ずる → 水が減ずる。：水を減ずる。

일본어의 양용동사와 같이 한국어 경우도 동일한 명사구를 사용하면서 자동사와 타동사 양쪽으로 쓰이는 동사가 있는데, 이를 한국어에서는 능격동사(能格動詞)라고 한다.

〈예〉・움직이다 → 산이 움직인다. : 믿음이 산을 움직인다.

・다하다 → 거의 힘이 다하였다. : 그는 자기의 힘을 다하였다.

・마치다 → 드디어 수업이 마쳤다. : 수업을 빨리 마쳤다.

・내리다 → 할머니가 버스에서 내린다. : 할머니를 버스에서 내린다.

★ 자동사, 타동사와 보조동사(-ている、-てある)와의 관계

어떤 동작이 시작, 진행, 종료 후 결과, 상태 중 어느 단계에 있느냐를 문제로 삼는 것이 상(相, aspect)인데, 이러한 상적(相的) 표현을 할 때, 「-ている」는 자동사와 타동사에 모두 이어질 수가 있지만, 「-てある」는 타동사에만 이어질 수 있다.

・자동사 + ている : 상태
　〈예〉電気がついている。

자동사 + ている : 계속, 진행
　〈예〉雨が降っている。鳥が空を飛んでいる。

・타동사＋ている : 진행
　　〈예〉タバコを吸っている。

　타동사＋てある : 상태
　　〈예〉電気がつけてある。

　「자동사＋ている」와「타동사＋てある」는 두 표현 모두 종료 후 결과의 상태를 나타내고 있다는 점은 같으나, 전자는 종료 후의 상태가 인위적인 행위보다는 자연적인 결과 상태에 중점을 두어 표현할 경우에 쓰이는 반면, 후자는 누군가의 의도적인 행위에 의해 그 결과 현재의 상태에 있음을 표현할 경우에 쓰인다. 이러한 상(相) 표현에서와 같이 일본어의 자동사와 타동사는 그 용법이 구별되어 쓰이기도 하기 때문에 자타동사의 구별은 한국어에서의 그것보다 훨씬 중요한 것으로 보인다.

5-7. 한일 양언어의 대조

　한일 양언어의 자동사와 타동사에 대한 대조 고찰은 위의 [5-1]에서부터 [5-6]의 각각의 해당 부분에서 살펴본 바 대로이다.

6　합성동사

6-1. 일본어의 합성동사

　동사가 두 개 이상의 단어와 결합되어 이루어진 동사를 합성동사(合成動詞)라 한다. 일본어의 합성동사는 결합된 형태에 다음과 같이 분류한다.

① 동사 + 동사

〈예〉・飛び + 上がる

　　　・入れ + 替える

　　　・振り + 向く

　　　・振り + 回す

　　　・助け + あう

　위의 합성동사의 형태는 각각 다른 동사와 동사의 결합으로 된 합성동사인데, 다음의 합성동사는 그 의미 용법이 조금 다른 것들이다. 즉 전항(前項)의 동사 연용형과 상적(相的) 의미를 나타내는 후항(後項)의 요소와 결합하여 만들어진 형태의 합성동사이다.

〈예〉・よみ + つづける

　　　・書き + つづける

　　　・走り + はじめる

　　　・読み + はじめる

　　　・笑い + だす

　　　・泣き + だす

　　　・歩き + とおす

　　　・遊び + とおす

　　　・読み + おわる

　　　・鳴り + おわる

　　　・降り + やむ

　　　・鳴り + やむ

　　　・飲み + すぎる

　　　・やり + すぎる

위에서 보이는 것처럼 합성동사를 만들 수 있는 후항(後項) 동사들은 모든 동사들에 무조건 결합할 수 있는 것이 아니라, 전항(前項) 동사가 계속동사(継続動詞)인가 순간 동사(瞬間動詞)인가, 또는 의지동사(意志動詞)인가 무의지동사(無意志動詞)인가, 동 작동사(動作動詞)인가 상태동사(状態動詞)인가에 따라서 결합의 여부가 달라지므로 유의해야 한다.

② 명사 + 동사

　〈예〉·波 + だつ
　　　 ·芽 + ばえる
　　　 ·名 + づける
　　　 ·気 + づく
　　　 ·研究 + する

③ 형용사어간 + 동사

　〈예〉·ちか + 寄る
　　　 ·たか + 鳴る
　　　 ·まじめ + すぎる

④ 부사(대개 의성어, 의태어) + 동사

　〈예〉·きらきら + する
　　　 ·よろよろ + する
　　　 ·もたもた + する

⑤ 접미어「−めく、−ぶる、−がる」등이 붙은 것.

　〈예〉·大人 + ぶる
　　　 ·利口 + ぶる
　　　 ·春 + めく

· なぞ + めく

· 怖 + がる

　어휘를 어구성에 따라 분류를 할 때, 일본어의 경우는 단어를 단순어와 합성어로 나누고, 합성어는 다시 복합어와 파생어로 나눈다. 복합어는 '단순어 + 단순어'의 형태이며, 파생어는 '단순어 + 접사' 또는 '접사 + 단순어'의 형태를 말한다. 이 분류에 따른다면 ⑤항은 합성동사가 아닌 파생동사라고 할 수 있지만, 여기에서는 편의상 두 낱말이 복합해서 동사로 되었다는 의미에서 같이 다루었다.

6-2. 한국어의 복합동사

　한국어에서는 둘 또는 그 이상의 실질형태소(實質形態素)가 결합되어 이루어진 동사를 복합동사(複合動詞)라 한다. 그리고 한국어에서의 복합동사의 형성은 통사적(統辭的) 구성과 비통사적(非統辭的) 구성이 존재한다.

　한국어의 경우는 어휘를 어구성에 따라 분류를 할 때, 단어를 단일어와 복합어로 나누고, 복합어는 다시 합성어와 파생어로 나눈다. 따라서 일본어의 합성동사라는 용어와 한국어의 복합동사는 서로 일치된 의미 용법을 갖고 있는 것으로 볼 수 있다.

(1) 통사적 구성

① 주어 + 서술어(동사) : 주격조사 '이/가'가 소거됨.

　〈예〉빛나다, 겁나다, 힘들다, 멍들다

② 목적어 + 서술어(동사) : 목적격조사 '을/를'이 소거됨.

　〈예〉힘쓰다, 등지다, 선보다, 본받다

③ 부사어 + 서술어(동사) : 부사격 조사 '에'가 소거됨.

〈예〉 앞서다, 뒤서다

④ 부사 + 서술어(동사)

〈예〉 가로막다, 잘되다, 그만두다, 가만두다

⑤ 본동사 + 연결어미 + 본동사(보조동사)

〈예〉 들어가다, 알아듣다, 쓸어버리다, 들고나다, 파고들다, 타고나다

두 개의 동사가 연결어미를 가운데 두고 결합된 복합동사일 경우, 연결어미 '어'를 매개로 한 동사의 결합이 복합동사인가, '본동사 + 보조동사'의 구성인가를 구별하기란 쉽지 않다. 그러나 여기에서는 형태적으로 합성의 형태를 갖춘다는 의미에서 복합동사에 포함시켰다.

(2) 비통사적 구성

① 동사 어간 + 동사

〈예〉 굶주리다(굶고 주리다), 뛰놀다(뛰면서 놀다), 지새다(지고 새다)

② 형용사 어간 + 동사

〈예〉 검기울다(형용사의 검다 + 기울다)

6-3. 한일 양언어의 대조

일본어의 합성동사와 한국어의 복합동사는 결합방식으로 보면 거의 비슷하지만, 그 결합방식의 빈도수에서는 한일 양언어가 많은 차이를 보이고 있다는 사실을 알 수 있다. 즉, 일본어는 동사 + 동사의 결합형태가 가장 많은 것에 비해, 한국어는 보조

동사의 도움을 받는 형태의 복합동사를 제외하면 소수에 불과하다.

7 가능동사

7-1. 일본어의 가능동사

　일본어의 가능동사(可能動詞)란 동사 자체에 「-(する)ことができる」의 의미가 포함되어 있는 동사이다. 오단활용동사의 어미를 「エ段」으로 바꾸고 「ル」를 붙여서 만든다. 그러나 모든 오단활용동사가 가능동사로 되는 것은 아니다. 「分かる、知る、要る、ある」 등의 동사는 그 자체의 의미 특성상 가능동사를 만들 수 없다.

　그리고 가능동사는 목적어를 취할 때 목적격조사 「を」를 취하지 않고 「が」를 취한다. 다만 이동동사(移動動詞)일 경우는 「を」를 취한다.

　〈예〉· 私は日本語の本が読める。(가능동사)

　　　　· 自由に空を飛べたらいいのに。(이동동사)

> ★「する」 동사의 가능형은 「できる」이다. 따라서 「-する」 형태의 동사도 「-できる」의 형태이다. 그러나 「愛する」 등 일부의 동사는 「愛す」의 가능형태인 「愛せる」를 사용하기도 한다.

7-2. 한일 양언어의 대조

한국어의 경우는 일본어의 가능동사와 같은 동사 자체에 '할 수 있다'라는 의미가 포함되어 있는 동사 형태는 없다. 따라서 동사에 '-수 있다'라는 말을 붙여서 복합어의 형태로 가능의 의미를 나타낸다.

> 〈예〉· 彼は日本語も英語も<u>読める</u>。
> · 그는 일본어도 영어도 <u>읽을 수 있다</u>.(복합어로서 가능의 의미를 나타냄)

8 　보조동사

술어가 될 수 있는 동사가 본래의 의미에서 벗어나 다른 용언에 붙어 보조적(補助的) 으로 쓰이는 것을 보조동사(補助動詞)라고 한다.

8-1. 일본어의 보조동사

동사	본동사	한국어와 비교
	보조동사	
ある	教室に掲示板が<u>ある</u>。	
	掲示板に何かが書いて<u>ある</u>。	
いる	親しい友だちが一人<u>いる</u>。	진행
	今、テレビを見て<u>いる</u>。	
置く	テーブルの上にはなを<u>置く</u>。	보유
	花に水をたっぷりあげて<u>おく</u>。	

もらう	友だちにプレゼントを<u>もらう</u>。	
	本を友人に買って<u>もらう</u>。	
しまう	本をかばんに<u>しまう</u>。	종결
	駅で財布をなくして<u>しまった</u>	
やる	犬にえさを<u>やる</u>。	봉사
	きっと成功して<u>やる</u>。	
みる	おもしろい映画を<u>みる</u>。	시행
	楽しくやって<u>みましょう</u>。	
くださる	社長が時計を<u>下さる</u>。	봉사
	社長が教えて<u>くださる</u>。	
いらっしゃる	お宅に<u>いらっしゃる</u>。	진행
	立って<u>いらっしゃる</u>。	

8-2. 한국어의 보조동사

의미	종류	예
진행	(어/아)가다/오다, (고)있다/계시다	밝아 오다
종결	(고)나다, (어)내다, (어)버리다, (고야)말다	나가 버리다
봉사	(어)주다, (어)드리다	만들어 주다
시행	(어/아)보다	먹어 보다
보유	(어)두다, (어)놓다, (어)가지다	얹어 두다
사동	(게)하다, (게)만들다	가게 하다
피동	(어)지다, (게)되다	가게 되다
부정	(지)아니하다(않다), (지)말다, (지)못하다	가지 않다

강세	(어)대다, (어)쌓다	놀려 대다
짐작	형용사어간 + (어)보이다	좋아 보이다
당위	(어야) 한다	가야 한다
시인	(기는) 하다	가기는 했다

8-3. 한일 양언어의 대조

일본어의 보조동사와 한국어의 보조동사의 개념 및 의미용법은 거의 비슷하다. 그러나 일본어에 비해 한국어의 보조동사가 수적으로 보아 많음을 알 수 있다. 이는 일본어는 「(ら)れる、(さ)せる、ない」의 조동사가 담당하고 있는 역할을 한국어에서는 보조동사가 담당하고 있기 때문의 차이점이라 할 수 있을 것이다.

03

형용사

1 형용사의 정의

1-1. 일본어 형용사의 정의

　형용사(形容詞)는 사람, 사물 또는 사항에 대하여 그 성질이나 상태 또는 감정이나 감각을 나타내는 말로서, 일본어의 형용사는 반드시 기본형 또는 종지형 및 체언을 수식하는 형태가「~い」로 끝난다.

- 자립어로서 술어가 될 수 있다.
- 용언의 하나로서 활용이 있다.
- 기본형(종지형)의 어미가「~い」로 끝난다.
- 주어의 성질, 상태를 설명하며 형용하는 역할을 한다.
- 주어가 될 수 있다.(형용사 + の + 조사)

　　〈예〉・妹はかみが長い。(여동생은 머리가 길다.)
　　　　・さくらの花はしろくない。(벚꽃은 희지 않다.)
　　　　・おいしくないバナナ。(맛이 없는 바나나.)
　　　　・あかちゃんの手はちいさくて、かわいい。(아기의 손은 작고 귀엽다.)
　　　　・大きいのが、ぼくのくつです。〈주어(大きい + の) + が〉

1-2. 한국어 형용사의 정의

　주어의 성질이나 상태가 어떠한가를 형용하거나 그 존재를 나타내면서 문장 안에서 주로 서술어의 기능을 가지는 단어를 형용사라고 한다. 한국어의 형용사에는 '고요하다, 달다, 예쁘다'처럼 동사와 같이 기본형이 '-다'로 끝난다.

- 자립어로서 문장 안에서 주로 서술어의 기능을 가진다.

· 용언의 하나로 활용을 한다.

· 기본형이 「-다」로 끝난다.

· 주어의 성질, 상태를 설명하며 형용하는 역할을 한다.

· 목적어의 호응이 없으므로 자동/타동과 사동/피동의 구별이 없다.

· 부사어의 한정을 받을 수 있으며 기본형이 현재형으로 쓰이고 조사와의 결합도 가능하다.

· 이중(二重) 주어 현상을 보이는 경우가 있다.

　　〈예〉· 영희는 키가 <u>크다</u>.

　　　　· <u>파란</u> 하늘.

　　　　· 이 꽃은 몹시 <u>아름답다</u>. (부사어 + 형용사 기본형)

　　　　· <u>달기가</u> 꽃과 같다. (형용사의 명사형 + 격조사)

　　　　· <u>달지도 쓰지도</u> 않다. (형용사의 연결형 어미 + 보조사)

　　　　· 이 <u>책의 내용이</u> 좋다. (이중 주어)

1-3. 한일 양언어의 대조

　한일 양언어의 형용사 모두 자립어로써 문장 안에서 주로 서술어로 사용되며, 동사와 같이 용언의 하나로 다양한 활용에 의하여 문장의 여러 성분이 될 수 있다는 유사점을 보이고 있다. 그러나 형태적인 면에서는, 일본어는 기본형이 「-い」로 끝나 동사와 그 형태를 구별 짓고 있는 반면, 한국어에서는 기본형이 「-다」로 끝나 동사와 같은 형태를 가지고 있어 일본어와는 차이점을 보이고 있다.

2-1. 일본어 형용사의 분류

일본어 형용사에는 속성형용사(属性形容詞)와 감정형용사(感情形容詞)가 있다.

① 속성형용사 : 사람이나 사물의 객관적인 성질이나 상태를 나타낸다.

〈예〉高い, 低い, 長い, 短い…

② 감정형용사 : 주로 사람의 주관적인 감정이나 감각을 나타낸다.

〈예〉嬉しい, 悲しい, 眠い…

★「~したい」등과 같이 동사로부터 만들어진 파생형용사도 그 성격은 감정형용사의
성질을 갖는다.

★「忙しい, おいしい…」등은 속성형용사와 감정형용사의 성질을 모두 갖고 있다.

---

③ 속성형용사와 감정형용사의 차이점

속성형용사	감정형용사
주어에 제한이 없다. 〈예〉彼の背は高い。	주어는 주로 사람이며, 기본적으로 1인칭이다. 〈예〉私は悲しい。
보통 대상을 취하지 않는다. 〈예〉外国の辞書は厚いですね。	감정이나 감각의 대상이 존재할 수 있다. 이때 대상은「ガ格」명사로 나타난다. 〈예〉春子は、そういう父の態度が嬉しかった。
예외적인 것 외에「~がる」를 쓸 수 없다. 〈예〉強がる、新しがる	「~がる」라는 파생동사를 만들 수 있다. 〈예〉痛がる、おもしろがる、嬉しがる

★ 감정형용사가 3인칭 주어의 술어가 될 수 있는 경우

· 「~がる」의 형태를 사용하는 경우

· 「~た」형의 과거형으로 나타내는 경우

· 「のだ」「そうだ」「ようだ」등의 추량, 판단, 설명 표현을 수반하는 경우

· 종속절이나 인용절에서 사용되는 경우

★ 「~がる」와 접속한 경우

· 감정형용사는 「~がる」가 붙음으로써 객관적인 판단과 묘사의 동사가 된다.

· 「危ない」「うるさい」「めずらしい」등의 형용사는 3인칭 주어를 이용해 「~がる」의 붙임이 가능하지만, 그것에 대응하는 1인칭 구문에는 붙이기 어렵다.

· 「強い」「新しい」같은 속성형용사도 「~がる」의 붙임이 가능하지만, 이것은 '실제는 그렇지 않으면서 그런 듯이 하는 것, 혹은 과시하는 것'의 의미를 포함하는 표현이다.

· 형용사의 긍정형에는 붙지만, 부정형에는 거의 붙지 않는다. 아래의 예와 같은 경우는 가능한데, 「~ない」가 부정의 조동사가 아닌 종지형의 일부로 인식되어 있는 것이다.

　〈예〉子共達はその長い映画を<u>つまらながり</u>ませず、
　　　　 静かに終わりまで見ていた。(つまらない)

· 감정을 나타내는 형용사일지라도 감정을 표현하는 동사가 존재하면 「~がる」형을 사용하지 않거나, 사용되어도 동사가 우선이다.

　〈예〉楽しい → 楽しむ、うれしい → 嬉ぶ

· 「~がる」는 부정의 명령형은 가능하지만, 긍정의 명령형은 없다.

　〈예〉そんなものを<u>欲がるな</u>。
　　　　 <u>寒がるな</u>。

2-2. 한국어 형용사의 분류

(1) 성상형용사

① 성상형용사(性狀形容詞)는 의미 기능상 사물의 속성을 나타내는 것과 상태를 나타내는 것으로 구분할 수 있다.

사물의 속성을 나타내는 형용사 (객관적 형용사)		상태를 나타내는 형용사
감각적 의미 표현	시다, 시끄럽다, 달다, 차다, 거칠다	싫다, 좋다, 기쁘다, 아프다, 고프다, 싶다...
비교 표현	같다, 다르다, 낫다	
존재 표현	있다, 계시다, 없다	주관적 형용사 : 심리적, 물리적 요
부정 표현	아니다	인의 영향을 받아 변할 수 있는 말하 는 이의 심리 상태를 나타낸다.
화자의 대상에 대한 평가	아름답다, 모질다, 착하다, 성실하다	

② 상태 표시의 형용사는 '-아/-어 하다'를 붙여 형용사문을 동사문(動詞文)으로 바꿀 수 있다.

나는 사과 좋다.	나는 사과를 좋아한다.
꽃이 붉다.	꽃을 붉어한다.(객관적 형용사이므로 동사문으로 바꿀 수 없다.)

③ 같은 형용사라 할지라도 경우에 따라서는 '-아/-어 하다'가 붙기도 하고 붙지 않기도 한다.

나는 철수가 좋다.	나는 철수를 좋아한다.
오늘은 날씨가 참 좋군.	오늘은 날씨를 참 좋아하군.

(2) 지시형용사

① 지시형용사(指示形容詞)는 말하는 이의 주관에 의하여 사물의 성질, 상태를 지시한다.

② 지시형용사는 성상형용사에 앞서는 배열상의 특징이 있다.
〈예〉 저렇게 아름다운 꽃도 있나 보다.

③ 지시형용사는 지시대명사 및 제 3인칭 대명사에서와 같이 화자와 청자를 축으로 이루어진다.

근칭	중칭	원칭	미지와 부정
이러하다 / 이렇다	그러하다 / 그렇다	저러하다 / 저렇다	어떠하다 / 어떻다, 아무러하다 / 아무렇다

2-3. 한일 양언어의 대조

일본어	한국어
속성형용사 감정형용사	성상형용사
형용동사	지시형용사

한일 양언어의 형용사 분류는, 일본어가 속성형용사와 감정형용사로, 한국어가 성상형용사와 지시형용사로 구분되고 있는데, 그 내용을 살펴보면 일본어의 형용사는 한국어의 성상형용사와 유사한 성격을 가지며, 한국어의 지시형용사 '이러하다', '그러하다' 등은 일본어에서 형용동사로 분류되는 「こんなだ」「そんなだ」 등과 대응되는 것을 알 수 있다. 또한, 한국어에서 형용사로 분류되는 「있다(存在形容詞)」는 일본어에서 존재동사 「ある」「いる」로, 심리형용사 「싫다」가 일본어 형용동사 「きらいだ」에 대응되는 것 등을 보면 세부적인 내용에서는 상당한 차이를 보이고 있음을 알 수 있다. 이는 일본어가 형태론적인 면에서 품사를 분류하고 있는데 비해, 한국어는 통사론적 관점에서 품사의 분류가 이루어졌다는 점에 근본적인 원인이 있다고 할 수 있을 것이다.

3 형용사의 활용

3-1. 일본어 형용사의 활용

일본어의 형용사는 동사와 같은 활용형을 가지고 있으나, 명령형이 없다는 점이 동사와 다르다.

(1) 미연형(未然形)

「~かろ」의 형태가 「う」에 이어져 추량의 의미를 가진다.

　　〈예〉・この本はおもしろかろう。
　　　　　・あすは天気が良かろう。

＊ 일반적으로 일본어 형용사의 미연형은 「종지형 + だろう」의 형태로 많이 사용된다.

　　〈예〉・明日も暑いだろう。
　　　　　・これじゃ悪いだろう。

(2) 연용형(連用形)

① 「~かっ」의 형태가 「た」에 이어져 과거완료의 의미를 가지고, 「たり」에 이어져 접속을 나타내기도 한다.

　　〈예〉・この本はおもしろかった。
　　　　　・昨日の試験は難しかった。
　　　　　・物価が高かったり、安かったりする。

② 「~く」의 형태가 부사처럼 동사를 수식하거나, 부정의 조동사 「ない、ありません」에 이어진다.

　　〈예〉・この本はおもしろく見える。
　　　　　・眼鏡をかけるとよく見える。
　　　　　・だんだん明るくなる。
　　　　　・最近は忙しくない。
　　　　　・日本語は易しくありません。

③「〜く」의 형태가 접속조사「て」,「ても」에 이어진다.

　〈예〉・この本はおもしろくてやむことができない。

　　　・この部屋は大きくて明るいです。

　　　・暑くても寒くてもかまいません。

④「〜く」의 형태가 중지형(中止形)으로 쓰인다.

　〈예〉彼は心も優しく、性格もいい。

(3) 종지형(終止形)

① 문(文)을 끝맺을 때 쓴다.

　〈예〉・ほんとうに嬉しい。

　　　・あの店の料理は味がまずい。

② 전문(伝聞)의 조동사「そうだ」, 추정의 조동사「らしい」, 정중한 단정의 조동사
「です」등에 연결된다.

　〈예〉・山田さんのおじいさんは厳しいそうだ。

　　　・山田さんのおじいさんは厳しいらしい。

　　　・山田さんのおじいさんは厳しいです。

③ 격조사「と」, 접속조사「から、けれども、が、ながら、し」, 부조사「など、が、
なり」, 종조사「ぞ、よ、わ、ね」등에 이어진다.

(4) 연체형(連体形)

체언에 이어져 그 체언을 수식한다.

〈예〉新しい学校の雰囲気はどうか。

(5) 가정형(仮定形)

「~けれ」의 형태가 「ば」에 이어져 조건문을 만든다.

〈예〉・何でも高ければいいものではない。

・これでよければあなたにあげます。

❖ 일본어 형용사 활용표

기본형	어간	미연형	연용형	종지형	연체형	가정형	명령형
高い	高	かろ	かっく	い	い	けれ	○
おもしろい	おもしろ						
중요 용법		「う」에 이어짐	「た」,「なる」에 이어짐	끝마침	「とき」에 이어짐	「ば」에 이어짐	

3-2. 한국어 형용사의 활용

(1) **종결어미(終結語尾)** : 평서형(平敍形), 의문형(疑問形), 감탄형(感歎形)

① 평서형 종결어미 : 산이 높다.

② 의문형 종결어미 : 산이 높으냐?

③ 감탄형 종결어미 : 산이 높구나.

(2) **연결어미(連結語尾)** : 대등적(対等的), 종속적(従属的), 보조적(補助的)

　① 대등적 연결어미 : 「-고」, 「-의며」 등
　　〈예〉 그녀는 얼굴도 <u>예쁘고</u>, 성격도 좋다.

　② 종속적 연결어미 : 「-니」, 「-든지」, 「-더라도」, 「-으러」 등
　　〈예〉 겨울이 <u>춥더라도</u> 나는 좋다.

　③ 보조적 연결어미 : 본용언과 보조용언을 이어주는 「-아/어」, 「-게」, 「-지」,
　　　　　　　　　　　「-고」 등
　　〈예〉 날씨가 점점 <u>추워</u> 온다.

(3) **전성어미(転成語尾)** : 명사형(名詞形), 관형사형(冠形詞形), 부사형(副詞形)

　① 관형사형 전성어미 : 「-은/-던」. 한 문장을 관형어처럼 만들어 주어 관형어
　　　　　　　　　　　로 쓰이게 하는 어미.
　　〈예〉 <u>예쁘던</u> 그 선녀가 생각난다.

　② 명사형 전성어미 : 「-음/-기」. 한 문장을 명사처럼 만들어서 체언과 같은
　　　　　　　　　　성분으로 쓰이게 하는 어미.
　　〈예〉 얼굴은 <u>예쁘기</u>는 하다.

　③ 부사형 전성어미 : 「-게」
　　〈예〉 꽃이 <u>예쁘게</u> 피었다.

• 형용사에는 명령형, 청유형, 약속의 평서형 '-(으)마'의 활용 형태가 없다.
• 말하는 이의 의지와 행위를 수반하는 의도, 목적 표시의 연결형과 진행
   보조적 연결어미 '-고'는 형용사에는 나타나지 않는다.

그를 <u>믿으려</u> 한다.	날씨가 <u>맑으려</u> 한다. (의도)
고기를 <u>잡으러</u> 간다.	<u>예쁘러</u> 미장원에 간다.(목적)
밥을 <u>먹고 있다.</u>	그는 <u>착하고 있다.</u> (진행)

• 시간의 과정적 변화를 표시하는 어미 '-느-'는 형용사에는 사용할 수 없다.

너는 무엇을 <u>하느냐?</u> (동사)	너는 어디가 <u>예쁘느냐?</u> (형용사)

★ 선어말어미

　　선어말어미(先語末語尾)는 시제, 높임 등을 나타내는 어미로서 어말어미(語末語尾)는
단어의 끝자리에 들어가고, 선어말어미(先語末語尾)는 어말어미의 앞자리에 들어간다.
어말어미는 반드시 있어야 하지만, 선어말어미는 경우에 따라 있을 수도 있고 없을 수도
있으며, 둘 이상의 선어말어미가 올 수도 있다.

3-3. 한일 양언어의 대조

　　한일 양언어의 형용사 활용에 있어서, 한국어의 형용사는 기본형 '-다'로 동사와
같은 형태를 취하고 있는 만큼 그 활용에 있어서도 동사와 거의 유사하다. 일본어는
활용형이 어간 직후의 음성적인 형태에 의해서 세분화되어 있는 반면, 한국어는 문법
적 의미를 나타내는 부분까지 포함해서 활용형을 나누고 있다. 그리고 한일 양언어

모두 사물의 성질 및 상태를 나타내는 형용사의 특성상, 명령형과 청유형(일본어의 경우는 의지 미연형)의 활용형을 갖지 못한다는 점에서 일치하고 있는 것을 알 수 있다. 그러나 한국어 형용사의 명사형 전성어미는 일본어에서는 형용사의 어간에 접미사 「さ、み、げ」를 붙여서 형용사를 명사화하는 경우와 대응한다. 그리고 일본어에서는 조동사가 한국어 형용사의 선어말어미의 역할을 한다.

4 형용사의 음편

4-1. 일본어의 형용사 음편

형용사의 연용형(連用形) 「～く」가 「～ございます」나 「～存じます」에 이어질 때, 어미(語尾) 「～く」가 「～う」로 변하며, 어간(語幹)의 일부까지 그 영향을 미치는 경우가 있다. 이것을 형용사의 음편(音便)이라 하고, 아래와 같은 3가지 종류가 있다.

(1) 어간은 변하지 않고 어미만 변하는 것

어간의 끝이 「ウ段、オ段」일 경우, 어미만이 「う」로 변한다.

〈예〉・良い → 良くございます → 良うございます
・寒い → 寒くございます → 寒うございます

(2) 어간의 일부가 변화하는 것

어간의 끝이 「ア段」일 경우, 어간이 「お」로 변한다.

〈예〉・ありがたい → ありがたくございます → ありがとうございます

・おは<u>やい</u> → おは<u>やく</u>ございます → おは<u>よう</u>ございます

(3) 어간의 일부가 변화해 요음(拗音)이 되는 것

어간의 끝이 「イ段」일 경우, 어간과 어미 사이에 「ゅ」가 생긴다.

〈예〉・<u>大きい</u> → <u>大きゅく</u>ございます → <u>大きゅう</u>ございます
・<u>悲しい</u> → <u>悲しゅく</u>ございます → <u>悲しゅう</u>ございます

4-2. 한국어의 불규칙 형용사

한국어의 형용사는 활용의 규칙성 유무에 따라 규칙활용과 불규칙활용으로 나눌 수 있다. 규칙활용은 형용사가 활용할 때, 어간과 어미의 형태가 유지되거나, 형태가 변하더라도 일반적인 음운규칙으로 설명될 수 있으나, 불규칙활용은 형용사가 활용할 때, 어간과 어미의 형태가 일정하지 않는 것 중, 일반적인 음운규칙으로 설명할 수 없는 것을 말한다.

(1) 어간이 불규칙적으로 활용하는 형용사

- 'ㅅ' 불규칙 : 어간 말음인 'ㅅ'이 모음 어미 앞에서 탈락하는 현상.
  〈예〉 낫다, 나으니, 나아서

- 'ㅂ' 불규칙 : 어간 말음인 'ㅂ'이 모음 어미 앞에서 '오/우'로 변하는 현상.
  〈예〉・아름답다, 아름다워서, 아름다우니
  ・괴롭다, 괴로워서, 괴로우니

- '르' 불규칙 : 어간 말음인 '르'가 모음 語尾 앞에서 '르ㄹ'형태로 변하는 현상.

〈예〉 빠르 + 아 → 빨라

- '으' 불규칙 : 어간 말음 '으'가 어미 '-어'와 결합하면서 탈락하는 현상.

  〈예〉 슬프 + 어 → 슬퍼, 쓰 + 어 → 써

(2) 어미가 불규칙적으로 활용하는 형용사

- '여' 불규칙 : '하' 뒤에 오는 어미 '-아/-어'가 '-여'로 바뀌는 현상.

  '하다'류 형용사가 이에 해당한다.

  〈예〉 가난하 + 아 → 가난하여

- '러' 불규칙 : '르' 뒤에 오는 語尾 '-아/-어'가 '-러'로 바뀌는 현상.

  〈예〉 푸르 + 러 → 푸르러, 푸르 + 었다 → 푸르렀다

(3) 어간과 어미가 불규칙적으로 활용하는 형용사

- 'ㅎ' 불규칙 : 'ㅎ'로 끝나는 어간에 '어/아'가 오면, 어간의 일부인 'ㅎ'이 없어지고

  어미도 변하는 현상.

  〈예〉 하얗 + 아서 → 하얘서, 파랗 + 이 → 파래

4-3. 한일 양언어의 대조

한국어 형용사의 불규칙 활용에 대응하는 일본어의 활용은 형용사의 음편이라고 볼 수 있다. 그러나 일본어에 비해 한국어의 불규칙 활용은 종류도 다양하고, 보다 광범위하게 사용되고 있다. 그리고 일본어 형용사의 어간의 용법 또한 한국어에서는 찾아볼 수 없는 독특한 문법적 특성으로 볼 수 있다.

합성형용사

5-1. 일본어의 합성형용사

일본어 형용사에는 원래부터 형용사인 것 외에도 두 개 이상의 어휘가 복합하여 만들어진 형용사, 혹은 접두어(接頭語)·접미어(接尾語)가 붙어서 만들어진 형용사 등이 있다. 이것을 합성형용사(合成形容詞)라고 한다.

(1) 명사 + 형용사

〈예〉·心 + 安い → 心安い

·物 + 寂しい → 物寂しい

·息 + 苦しい → 息苦しい

·先生がいっしょに行ってくれるので<u>心強い</u>ですね。

(2) 동사 + 형용사

〈예〉·蒸す + 暑い → 蒸し暑い

·見る + 苦しい → 見苦しい

·この道はてこぼこで<u>歩きにくい</u>よ。

(3) 형용사 어간 + 형용사

〈예〉·狭い + 苦しい → 狭苦しい

·薄い + 暗い → 薄暗い

·<u>青白い</u>顔して、大丈夫なの。

(4) 형용사 어간 + 형용사 어간 + しい

〈예〉・弱い + 弱い → 弱々しい

・重い + 重い → 重々しい

・そんなことを軽々しく言うものではない。

(5) 접두어가 붙는 것

〈예〉・た + やすい → たやすい

・真 + 新しい → 真新しい

・私のふるさとにはけ高い丘がある。

(6) 접미어가 붙은 것

〈예〉・重い + たい → 重たい

・眠る + たい → 眠たい

・子供は子供らしく、大人は大人らしいのがいい。

5-2. 한국어의 복합형용사

일본어의 합성형용사는 한국어에서도 똑같이 존재하지만, 복합형용사(複合形容詞)라는 이름을 사용한다.

(1) 명사 + 형용사

〈예〉・값 + 싸다 → 값싸다

・꿈 + 같다 → 꿈같다

(2) 동사 + 형용사

〈예〉· 약다 + 빠르다 → 약아빠지다

(3) 형용사 어간 + 형용사

〈예〉· 굳 + 세다 → 굳세다

· 높 + 푸르다 → 높푸르다

· 기나 + 길다 → 기나길다

(4) 형용사 어간 + 형용사 어간 + 하다

〈예〉· 희끗 + 희끗 + 하다 → 희끗희끗하다

(5) 접두어가 붙는 것

〈예〉· 드 + 높다 → 드높다

· 얄 + 밉다 → 얄밉다

(6) 접미어가 붙은 것

〈예〉· 신사 + 답다 → 신사답다(명+접)

· 복 + 스럽다 → 복스럽다(명+접)

· 넓 + 적하다 → 넓적하다(형+접)

· 높 + 다랗다 → 높다랗다(형+접)

· 울퉁불퉁 + 하다 → 울퉁불퉁하다(부+접)

· 그리 + ㅂ다 → 그립다(동+접)

· 놀라 + ㅂ다 → 놀랍다(동+접)

· 새 + 롭다 → 새롭다(관+접)

(7) 부사 + 동사

〈예〉· 못나다

· 막되다

(8) 명사 + 동사

〈예〉· 맛나다

★ 일본어 형용사 어간의 용법

일본어 동사의 경우는 어간만으로 다른 말과 연결되어 복합어를 만들 수 없지만, 형용사의 어간은 독립성이 강하므로 여러 가지 말과 결합해서 복합어를 만들 수 있다.

ⓐ 형용사 어간 + 명사 ⇒ 명사

〈예〉· 赤い + 字 → 赤字

· 白い + 犬 → 白犬

· 黒い + 字 → 黒字

· こっちの方が近道です。

ⓑ 형용사 어간 + 동사의 전성명사 ⇒ 명사

〈예〉· 近い + 回り → 近回り

· 早い + 起き → 早起き

· わざわざ遠回りして行くなんて。

ⓒ 명사 + 형용사 어간 ⇒ 명사

〈예〉· 手 + 短い → 手短

· 夜 + 長い → 夜長

· 気短がなおらない。

ⓓ 형용사 어간 + 접미어 「さ、み、げ」 ⇒ 명사

〈예〉· 大きい + さ → 大きさ

· うまい + み → うまみ

・悲しい + げ → 悲しげ

ⓔ 형용사 어간 + 동사 ⇒ 동사

〈예〉・長い + 引く → 長引く

・近い + つく → 近づく

・プールに近寄るな。

ⓕ 형용사 어간 + 형용사 어간 ⇒ 부사

〈예〉・近 + 近 → 近々(ちかぢか)

・細 + 細 → 細々(ほそぼそ)

・軽々と持ち上げる。

ⓖ 어간만으로 문장을 끝맺는다.

〈예〉・あつ、寒。

・ああ、嬉し。

★ 접미어 「さ・み・げ」의 용법

・「さ」: 형용사, 형용동사, 형용사형활용 조동사의 어간에 접속하여 각각의 단어의
속성 자체를 객관적인 것으로 나타낸다. 즉 그러한 성질, 상태가 있는 것,
또는 그 정도 등을 나타내는 명사를 만든다.

〈예〉・高さ、甘さ、おもしろさ 등

・「み」: 형용사, 형용동사의 어간에 접속하여 말의 속성개념을 추상화, 고정화한다.
각각의 단어의 속성개념 자체를 촉각적, 감각적으로 파악하여 나타낸다.

〈예〉・ずしりと重みを感じる(들었을 때의 무거운 느낌)

・厚みのある一枚板(만졌을 때의 두꺼운 느낌)

・「げ」: 형용사의 어간, 명사, 동사의 연용형, 형용사형활용 조동사의 어간에 접속하
여 형용동사의 어간이나 명사를 만들며, 「~そう(だ)」「らしい」「~らしく見え
る」의 의미를 나타낸다.

<예> ·「…語ること<u>ありげ</u>に雨の草に降るかな」

　　·「<u>さびしげ</u>に箸とる我をはばかりて…」

　　·「…<u>あわただしげ</u>に飯を呼ぶ声」

★ 한국어 형용사 어간의 용법

　(1) 형용사 어간 + 명사 : 검- + 버섯, 늦- + 더위

　(2) 형용사 어간 + 명사화 접미사 : 슬픔(슬프- + -ㅁ), 넓- + 이

　(3) 형용사 어간 + 부사화 접미사 : 많- + 이, 자주(잦- + -우)

5-3. 한일 양언어의 대조

일본어의 합성형용사와 한국어의 복합형용사는 거의 유사한 의미 용법을 갖고 있다고 볼 수 있다. 그러나 한국어에는 부사와 동사가 결합한 복합형용사(합성형용사)와 명사와 동사가 결합하여 만들어진 복합형용사(합성형용사)가 있으나, 일본어의 경우는 이러한 합성형용사(복합형용사)가 없다는 것이 상대적인 특성으로 들 수 있다.

그리고 일본어 형용사의 어간은 한국어 형용사의 어간에 비해 합성어(복합어)를 만드는 어구성 능력이 상대적으로 높다는 것을 알 수 있다.

6 보조형용사

보조형용사(補助形容詞)란 보조동사와 같이 다른 단어에 붙어 보조적으로 쓰이는 형용사를 말하며, 일본어나 한국어의 보조형용사는 모두 보조동사에 비하여 수효가 적다.

6-1. 일본어의 보조형용사

(1) ない

〈예〉・みんなわるく(は)<u>ない</u>。

・かれは健康で(は)<u>ない</u>。

・ぼくは学生で(も)<u>ない</u>。

★ 조동사 「ない」와 형용사 「ない」의 구별

　「書かない」와 같이 동사에 붙는 「ない」는 부정 조동사로 동사의 미연형에 접속하며, 「赤くない」와 같이 형용사에 붙는 「ない」는 보조형용사로 형용사의 연용형에 접속한다. 조동사로서의 「ない」는 「も」나 「は」 등의 조사가 중간에 들어갈 수 없으나, 형용사로서의 「ない」인 경우에는 사이에 조사를 넣어도 의미가 통하며 문법적으로 문제가 없다.

---

(2) よい

〈예〉・どこへ行って(も)<u>よい</u>。

6-2. 한국어의 보조형용사

(1) 희망 : (-고) 싶다

　　〈예〉· 그 영화는 나도 보고 <u>싶다.</u>

(2) 부정 : (-지) 아니하다, (-지) 못하다

　　〈예〉· 오늘은 덥지 <u>아니하다(않다).</u>
　　　　· 기분이 상쾌하지 <u>못하다.</u>

(3) 상태 : (-아/-어) 있다, (-아/-어) 계시다

　　〈예〉· 그는 누워 <u>있다.</u>
　　　　· 의자에 앉아 <u>계십니다.</u>

(4) 추측 : (-는가/-ㄴ가) 보다, (-는가/-ㄴ가) 싶다

　　〈예〉· 정말 봄이 오는가 <u>보다.</u>
　　　　· 비가 오려는가 <u>싶다.</u>

(5) 시인 : (-기는) 하다

　　〈예〉· 백두산이 높기는 <u>하다.</u>

6-3. 한일 양언어의 대조

일본어의 형용사에는 한국어의 형용사에 비해 보조형용사의 역할을 하는 형용사가

적은 편이나, 한국어의 희망이나 추측을 나타내는 보조형용사를 일본어에서는 조동사가 그 역할을 하는 것을 알 수 있다. 또한, 일본어의 보조형용사 「ない」는 한국어의 부정을 나타내는 보조형용사 '(−지) 아니하다', '(−지) 못하다'와 성질 및 접속에 있어서 거의 일치한다고 볼 수 있다.

04

형용동사

1-1. 일본어 형용동사의 정의

- 자립어이다.
- 활용이 있다.
- 종지형의 어미가 「だ」로 끝난다.
- 단독으로 술어가 될 수 있다.
- 주어의 성질, 상태를 설명하고, 형용하는 작용을 한다.
- 성질은 형용사와 비슷하지만 활용은 동사와 비슷하다.
- 용언의 하나이다.

1-2. 한국어 형용사의 정의

<한국어 형용사의 정의 참조 p.81>

1-3. 한일 양언어의 대조

일본어의 형용동사와 한국어의 형용사는 주어의 성질과 상태를 나타낸다는 것에 공통점을 찾을 수 있다. 일본어의 형용동사는 기본형이 「だ」로 끝을 맺으나, 이것은 「명사 + だ」와는 다른 형태이다. 그리고 형용사와 같은 성질을 가지고 있으나 활용에 있어서는 동사와 닮은 활용을 하고 있다(일본어의 문어문법(文語(古語)文法)에서의 「ラ행변격활용동사」와 같은 활용을 한다). 그에 비해 한국의 형용사는 기본형이 현재

형을 띠고 있으며 그것은 동사와 같다. 그리고 부사어의 한정을 받아 여러 가지 뜻을 가지며 조사와도 결합을 한다.

2 형용동사의 분류

2-1. 일본어 형용동사의 분류

(1) 순수한 일본어에 의한 것

〈예〉 真面目だ, 呑気だ, 立派だ

(2) 한자어에 의한 것

〈예〉 勇敢だ, 溌剌だ, 勤勉だ

(3) 「的」가 붙은 것

〈예〉 積極的だ, 女性的だ, 現実的だ

(4) 외래어에 의한 것

〈예〉 センチメンタルだ, デリケートだ, シンプルだ

2-2. 한국어 형용사의 분류

〈제3장 한국어 형용사의 분류 참조 p.85〉

2-3. 한일 양언어의 대조

일본어의 형용동사는 주로 그 형태에 따라 분류하고 있으나, 그에 대응하는 한국어의 형용사는 어미의 활용과 기능(의미)에 따라 분류하고 있음을 알 수 있다. 그리고 한국어 형용사의 경우는 단독으로 서술능력을 가지는지 유무에 따라 본형용사, 보조형용사로 나뉜다. 특히 상태표현 형용사에 있어서는 형용사문(形容詞文)을 동사문(動詞文)으로 바꿀 수 있는 기능을 가지고 있음을 알 수 있다.

3 형용동사의 활용

3-1. 일본어 형용동사의 활용

(1) **미연형** : 기본형의 어미 「だ」에 조동사 「う」가 붙어(「だろ + う」) 추측의 의미를 갖는다. 동사에서는 부정의 「ない形」과 추측(추량)의 의미의 「う/よう形」의 두 가지가 있었지만 형용동사에서는 「う形」 하나뿐이다.

〈예〉・冬の山は<u>きれいだろう</u>。(きれいだ)
・車は<u>便利だろう</u>。(便利だ)
・テニスが<u>上手だろう</u>。(上手だ)
・春は<u>暖かだろう</u>。(暖かだ)

(2) **연용형** : 형용동사의 연용형은 3가지의 활용어미를 갖는다. 「-だっ」과 「-で」「-に」의 어형이다.

① 「-だっ」: 기본형의 어미 「だ」가 연용형 「だっ」이 되어, 과거 완료의 조동사 「た」 또는 접속조사 「だり」로 연결된다.

〈예〉・桜は<u>きれいだった</u>。（きれいだ）

　　　・彼は<u>立派だった</u>。（立派だ）

　　　・彼女は歌が<u>上手だった</u>。（上手だ）

　　　・あの人は時には<u>親切だった</u>りする。（親切だ）

　　　・昔はバスがなくて<u>不便だった</u>。（不便だ）

　　　・彼の手は<u>暖かだった</u>。（暖かだ）

② 「-で」: 기본형의 어미 「だ」가 연용형 「で」에 「ない」가 연결되어 부정의 의미를 갖고, 「ある」와 연결하여 단정의 조동사 「だ」의 문어적(文語的/古語的) 표현이 된다. 즉 형용동사의 부정의 용법은 동사와 달리 연용형에서 이루어진다.

〈예〉・彼女はあまり<u>きれいでない</u>。（きれいだ）

　　　・今年の春はとても<u>暖かである</u>。（暖かだ）

③ 연용형의 중지법 「-で」

〈예〉・中は<u>静かで</u>、外はうるさい。（静かだ）

　　　・部屋は<u>きれいで</u>、よく整理してある。（きれいだ）

　　　・彼は<u>親切で</u>、いい人だ。（親切だ）

　　　・日本語は<u>上手で</u>、英語は下手だ。（上手だ）

④ 기본형의 어미 「だ」가 연용형 「に」로 되어 연용수식어가 된다.

〈예〉・家族は<u>大切に</u>しなさい。（大切だ）

　　　・もうちょっと<u>静かに</u>しなさい。（静かだ）

　　　・子供に<u>穏やかに</u>言いましょう。（穏やかだ）

　　　・足が<u>丈夫に</u>なったら散歩へ行きましょう。（丈夫だ）

　　　・もっと<u>不便に</u>なった。（不便だ）

　　　・彼が<u>好きに</u>なった。（好きだ）

(3) 종지형 : 문이 끝날 때에 사용한다.

  〈예〉· 彼はとても<u>親切だ</u>。(親切だ)

　　· 慶州はとても<u>静かだ</u>。(静かだ)

　　· 肉より魚が<u>好きだ</u>。(好きだ)

　　· これなら<u>完璧だ</u>。(完璧だ)

　　· 彼はテニスが<u>上手だ</u>。(上手だ)

　　· 英語が<u>得意だ</u>。(得意だ)

① 종지형 + 전문(伝聞) 조동사 「－そうだ」

  〈예〉· お寺は<u>静かだそうだ</u>。(静かだ)

　　· 着物は<u>きれいだそうだ</u>。(きれいだ)

　　· かれは<u>貧乏だそうだ</u>。(貧乏だ)

　　· 慶州は<u>有名だそうだ</u>。(有名だ)

　　· 交通が<u>不便だそうだ</u>。(不便だ)

　　· 両親は<u>健康だそうだ</u>。(健康だ)

② 종지형 + 격조사 「－と」, 「－から」, 「－けれど(も)」, 「－が」, 「－し」

  〈예〉· 彼の話は<u>確だと</u>思います。(確だ)

　　· あまりにも<u>きれいだから</u>ずっと見ていました。(きれいだ)

　　· 形は<u>変だけれど(も)</u>味はとてもいい。(変だ)

　　· テニスは<u>上手だが</u>勉強は出来ない。(上手だ)

(4) 연체형 : 주로 체언(대명사, 명사, 수사)에 붙는다.

  〈예〉· 彼女はとても<u>きれいな</u>人です。(きれいだ)

　　· <u>不便な</u>生活をしている。(不便だ)

・健康は<u>健康な</u>時に守るべきだ。（健康だ）

・<u>静かな</u>ところに家を買った。（静かだ）

・彼はピアノがとても<u>上手な</u>人だ。（上手だ）

① 연체형 + ようだ(불확실한 단정, 비유, 예시의 조동사)

〈예〉・あの学生はとても<u>真面目な</u>ようだ。（真面目だ）

・交通はとても<u>便利な</u>ようだ。（便利だ）

・彼の表情はとても<u>楽な</u>ようだ。（楽だ）

② 연체형 + 격조사「の」, 접속조사「ので」,「のに」, 부조사「まで」,「だけ」,「ばかり」,「ほど」, 종조사「の」

〈예〉・この中で一番<u>好きな</u>のは何ですか。（好きだ）

・スポツは<u>上手な</u>のに勉強はできない。（上手だ）

・あまり<u>きれいな</u>ので驚きました。（きれいだ）

・<u>親切な</u>までに手を貸してくれた。（親切だ）

・<u>不思議な</u>だけのことがある。（不思議だ）

・<u>親切な</u>ばかりにお金を工面してくれた。（親切だ）

(5) 가정형 : 동사와 형용사의 가정형은 조사「ば」에 연결되었지만, 형용동사의 가정형에서는 조사「ば」를 생략할 수 있다.

〈예〉・<u>好きなら</u>(ば)あなたにあげます。

・仕事が<u>急なら</u>(ば)急いでお戻りになった方がいいです。

・料理が<u>下手なら</u>(ば)もっとやてみるべきです。

・私のことが<u>嫌なら</u>(ば)付き合いません。

★ 형용동사의 기본형＋「と」는 가정형과 같은 의미로 사용된다.

〈예〉・不親切だ → 不親切なら(ば) → 不親切だと

・真面目だ → 真面目なら(ば) → 真面目だと

・短気だ → 短気なら(ば) → 短気だと

・正確だ → 正確なら(ば) → 正確だと

・誠実だ → 誠実なら(ば) → 誠実だと

・活発だ → 活発なら(ば) → 活発だと

★ 형용동사의 미연형은 동사와 달리 부정의 조동사「ない」에는 이어지지 않는다.

이 점은 형용사와 같다.「静かでない」,「きれいでない」의「ない」는 형용사의「ない」이므로 연용형에 연결되어 있다고 본다.

그리고 형용동사의 연체형의 용법 중「静かなのが」,「きれいなのが」의「の」는 체언의 성격을 가진 조사(준체조사)로서「もの」,「こと」의 의미를 나타낸다.

3-2. 한국어 형용사의 활용

〈제3장 한국어 형용사의 활용 참조 p.90〉

3-3. 한일 양언어의 대조

일본어 형용동사의 활용과 용법에서는 어미의 활용이 다양함을 보이고 있고, 그에 따라 의미와 접속형태가 달라짐을 알 수 있다. 이미 논한 바와 같이 한국어에는 형용동사가 존재하지 않기 때문에, 그에 대응하는 형용사와 대조 고찰할 수밖에 없다고 할 수 있다. 한국어의 형용사에 대해서는 제3장에서 이미 살펴본 바와 같다.

4 불규칙 활용을 하는 형용동사

4-1. 일본어의 불규칙 활용을 하는 형용동사

일반적으로 형용동사의 연체형(連体形)은 어미(語尾)「−だ」가「な」로 변하지만,「同じだ」,「こんなだ」,「そんなだ」,「あんなだ」,「どんなだ」등은 연체형에서「な」를 생략하는 것이 특징이다.

활용형	어간 + 어미	어미활용	중요한 용법
미연형		だろ	う
연용형(だった形)		だっ	た
연용형(でない形)		で	ない
연용형(で形)		で	
연용형(に形)		に	
연용형(になる形)	同じ + だ	に	なる
종지형		だ	
연체형		○	명사
가정형		なら	ば(ば)
명령형		○	

그러나 조사「のが、のに、のは、のを」, 접속조사「のに、ので」와 같이 연결될 때는 연체형의 활용어미「な」가 사용된다.

기본형	어미활용 형태
同じだ	これと同じ本があります。 これとおなじ*なの*が二つもあります。

こんなだ	こんな雨が私は好きです。 雨がこんな<u>なの</u>に行きますか。
そんなだ	そんな話なら辞めてください。 そんな<u>なの</u>はあり得ません。

4-2. 한국어의 불규칙 활용을 하는 형용사

〈제3장 한국어의 불규칙 형용사 참조 p.94〉

4-3. 한일 양언어의 대조

일본어의 형용동사는 기본형에 어떠한 어미나 부속어가 접속되는지에 따라 의미 용법이 달라지고, 그에 대응하는 한국어의 형용사는 어간의 끝 받침이나 어간의 끝 모음에 따라 의미 용법이 바뀌는 것을 알 수 있다.

5 합성형용동사

5-1. 일본어의 합성형용동사

일본어의 합성형용동사에는 동사나 형용사와 같이 여러 가지 형태가 보이지 않는다. 주로 접두어, 접미어가 붙어서 만들어진 것(파생형용동사)들이 대부분이다.

(1) 접두어가 붙는 것

〈예〉· こざかしげだ、ごきれいだ、ご立派だ、ご親切だ、お利口だ、お粗末だ、
　　　お気の毒だ、ご健康だ

(2) 접미어가 붙는 것

〈예〉· 華やかだ、細やかだ、うれしげだ、健康的だ、慎ましやかだ、
　　　悲しげだ、一般的だ、女性的だ、男性的だ、大人しやかだ、まろやかだ

★ 일본어 형용동사 어간의 용법

　일본어 형용동사의 어간은 형용사의 어간과 같이 독립성이 강하기 때문에 여러 가지
의미 용법을 가지고 있다.

　ⓐ 어간으로 문장을 끝마친다.

　　〈예〉· まあ、きれい。(何てきれいなんだろう。)

　　　　· もう けっこう。(もうこれで充分です。)

　　　　· ああ、大変。(ああ 困ったことになった。)

　　　　· それは残念。(お気の毒なこと。)

　ⓑ 접미어「さ」를 붙여서 전성명사를 만든다.

　　〈예〉· その勇敢さに感服する。

　　　　· 彼女の朗らかさに周りも明るくなる。

　　　　· 彼女の華やかさにみんな驚いた。

　　　　· コンピュータの正確さは定評がある。

　　　　· 彼普からその穏やかさでものをいう。

　ⓒ 어간에 양태의 조동사「そうだ」가 붙는다.

　　〈예〉· 元気だ → 元気＋そうだ → 元気そうだ

　　　　· 勤勉だ → 勤勉＋そうだ → 勤勉そうだ

　　　　· 丈夫だ → 丈夫＋そうだ → 丈夫そうだ

- 不思議だ → 不思議＋そうだ → 不思議そうだ
- 不便だ → 不便＋そうだ → 不便そうだ
- 正確だ → 正確＋そうだ → 正確そうだ

ⓓ 어간에 추정의 조동사 「らしい」가 붙는다.

〈예〉・正直だ → 正直＋らしい → 正直らしい
- 元気だ → 元気＋らしい → 元気らしい
- 確かだ → 確か＋らしい → 確からしい
- のどかだ → のどか＋らしい → のどからしい

ⓔ 어간에 단정 정중의 조동사 「です」가 붙는다.

〈예〉・正直だ → 正直です
- 綺麗だ → 綺麗です
- 暖かだ → 暖かです
- 賑やかだ → 賑やかです

ⓕ 형용사의 어미가 바뀌어 형용동사로 변한 것(형용사와 어간이 같다.)

〈예〉・暖かい → 暖かだ
- 細かい → 細かだ
- 四角い → 四角だ
- 柔らかい → 柔らかだ

5-2. 한국어의 복합형용사

일본어 형용동사에는 형용사와는 달리 두 개 이상의 어휘가 결합되어 만들어진 형용동사는 보이지 않는다. 따라서 주로 접두어·접미어가 연결되어 만들어진 형용동사가 있다. 이것을 합성형용사(파생형용동사)라고 한다. 이러한 일본어의 합성형용사에 대응하는 것이 한국어의 복합형용사이다.

〈제3장 한국어의 복합형용사 참조 p.97〉

5-3. 한일 양언어의 대조

일본어의 합성형용동사는 동사나 형용사와 같이 여러 가지 형태는 보이지 않고, 위에서 보이는 바와 같이 주로 접두어, 접미어가 붙어서 만들어진 것(파생형용동사)임을 알 수 있다. 그에 비해 일본어의 합성형용사에 대응하는 한국어의 복합형용사는 명사, 동사, 형용사 어간, 접두어, 접미어와 함께 만들어진 것들과 부사 + 동사(못나다, 막되다), 명사 + 동사(맛나다)의 형태로 복합형용사의 뜻을 가지는 표현도 있다. 따라서 일본어 합성형용동사에 비해 이에 대응하는 한국어의 복합형용사가 형태나 기능에 있어서 풍부한 면을 지니고 있음을 알 수 있다.

05

연 체 사

　연체사의 정의

1-1. 일본어 연체사의 정의

일본어의 연체사(連体詞)란 품사의 하나이며, 주어나 술어 또는 피수식어가 되지 않고, 항상 그 자체가 체언을 수식하는 말이다.

★ 연체사는 품사상의 분류이고, 연체수식어는 문장 구조상에서의 역할에서 나온 말이다.

---

① 연체사는 체언을 수식한다.

〈예〉· <u>あらゆる</u>人がそれを見た。

· <u>きたる</u>九月に同窓会が開かれます。

· それは<u>おかしな</u>事です。

② 연체사는 자립어이므로 단독으로 문절을 만들 수 있다.

〈예〉· <u>この</u>人

· <u>この</u>山

③ 연체사는 활용이 없다.

〈예〉· <u>この</u>本をください。

· <u>その</u>川で泳いだ。

· <u>あの</u>山

★ 연체사는 부사와 마찬가지로 활용이 없다는 점에서 동사, 형용사, 형용동사와 구별이 된다. 특히 용언의 활용형의 하나인 연체형(連体形)과 혼동해서는 안 된다.

1-2. 한국어 관형사의 정의

한국어의 관형사(冠形詞)는 체언 앞에서 그 체언의 뜻을 제한하는 품사이다. 관형사가 체언 이외의 품사를 꾸미는 일은 없다.

① 관형사는 주로 체언을 수식한다.

〈예〉· 그는 새 집으로 이사를 갔다.
· 나는 앞으로 모든 일을 신중히 처리할 것이다.

② 관형사는 어형(語形)이 바뀌지 않으며, 동사와 형용사처럼 활용을 하지 못한다. 그리고 조사가 붙지 못한다.

〈예〉· 헌 물건을 소중히 보관해라.
· 그의 물건을 소중히 보관해라.
· 낡은 물건을 소중히 보관해라.

③ 관형사는 '어떤' 또는 '무슨'의 질문에 대답할 수 있다.

〈예〉· 학생들은 저마다 새 교과서를 받아 안았다.
· 온갖 심부름은 내가 다 했다.

1-3. 한일 양언어의 대조

일본어의 연체사와 한국어의 관형사는 품사의 분류에서 양언어 모두 체언을 수식하는 기능을 하고, 활용을 하지 않는다는 점에서 거의 유사한 의미용법을 갖고 있다고 할 수 있다.

연체사의 분류

2-1. 일본어 연체사의 분류

일본어의 연체사는 다음과 같이 형태적인 특성에 따라 5가지로 분류할 수 있다.

① 「-の」의 형태

- この ： <u>この</u>本は私のです。
- その ： <u>その</u>雑誌はだれのですか。
- あの ： <u>あの</u>窓を開けてください。
- どの ： <u>どの</u>建物が会社ですか。
- ほんの ： <u>ほんの</u>名ばかり。
- 例の ： <u>例の</u>場所で会いましょう。
- くだんの ： <u>くだんの</u>話はどうした。
- だいの ： <u>大の</u>男

② 「-な」의 형태

- 大きな ： <u>大きな</u>円をかく。
- 小さな ： <u>小さな</u>目をしている。
- おかしな ： <u>おかしな</u>話をする。
- いろんな ： <u>いろんな</u>花かあります。
- うろんな ： <u>うろんな</u>そぶり。
- 主な ： 会社の<u>主な</u>人々。

③ 「-る」의 형태

- あくる ： <u>あくる</u>日。
- あらゆる ： <u>あらゆる</u>分野。

- ・ある : <u>ある</u>日でした。
- ・いかなる : <u>いかなる</u>問題。
- ・いわゆる : <u>いわゆる</u>人生。
- ・かかる : <u>かかる</u>重大な時期。
- ・さる : <u>さる</u>四日のことでした。
- ・きたる : <u>きたる</u>十四日にあいましょう。
- ・さしたる : <u>さしたる</u>困難はない。

④ 「-た、だ」의 형태

- ・たいした : <u>たいした</u>ことはありません。
- ・たった : <u>たった</u>これだけか。
- ・とんだ : <u>とんだ</u>ことをしてすみません。
- ・だいそれた : <u>だいそれた</u>野望。
- ・ばかげた : <u>ばかげた</u>話。
- ・思い切った : <u>思い切った</u>計画。

⑤ 기타

- ・わが : <u>わが</u>国。

★「わが」의「わ」는 본래「わたくし」에서,「が」는「の」의 문어(고어)에서 유래된 것이다. 따라서「대명사＋조사」로 보기 쉽지만 현대어에서는 연체사로 바뀌어 사용된다.

2-2. 한국어 관형사의 분류

한국어의 관형사는 체언 앞에 놓여서 그 체언이 어떠하다고 자세히 꾸며주는 역할에 따라 다음과 같이 성상관형사(性狀冠形詞), 지시관형사(指示冠形詞), 수관형사(数冠形詞)의 3가지로 분류하고 있다.

① 성상관형사 : 사물이나 상태를 꾸며주는 것으로서 고유어와 한자어로 나눌 수 있다.

② 지시관형사 : 사물이나 사람을 가리키며 범위를 제한 한정한다.

③ 수관형사 : 수량적인 한정 기능을 가진다.

	형태	용례	
성상관형사	새, 헌, 헛, 옛	새 집, 헌 집, 헛 말, 예 집	고유어
	순(純), 호(好), 신(新), 대(大), 장(長), 이(異)	순우리말, 호결과, 신학년, 대사건, 장거리, 이민족	한자어
지시관형사	이, 그, 저, 딴, 여느	이 책, 그 책, 저 책, 딴 말, 여느 말, 별 말	고유어
	해(該), 귀(貴), 본(本), 동(同), 현(現), 전(前)	귀 가족, 해 사건, 동 시험장, 현국무총리, 전 문교부장관	한자어
수관형사	모든, 온갖, 온, 갖은	모든 차, 온갖 색, 온 학교, 갖은 고생	고유어
	전(全), 총(総)	전국민, 총인구	한자어

※ 관형어가 연이어 쓰일 때에는 '지시관형사 + 수관형사 + 성상관형사' 순서이다.
(저 + 모든 + 헌 차)

2-3. 한일 양언어의 대조

일본어의 연체사는 형태적인 특성에 따라 분류를 하고 있으며, 한국어의 관형사는 문장상에서 어떠한 기능(역할)을 하는 가에 중점을 두어 분류하고 있다.

첫째, 일본어의 연체사에서 보이는 「-な、-た」와 같은 접미어는 한국어의 관형사에서는 볼 수 없다. 따라서 일본어는 연체사를 만드는 연체사 특유의 접미어가 한국어보다 다양한 편이다.

둘째, 일본어의 연체사에서는 접미사를 붙여 형용사를 연체사로 만들 수 있으나, 한국어의 형용사에서는 그러한 용법을 볼 수 없다. 즉 일본어에서는 형용사의 어미 「-い」 대신에 「-な」가 붙어 연체사가 되었다. 활용을 하지 않는다는 점에서는 한국어와 같으나 접미사 「-な」가 붙어 연체사가 된다는 점은 한국어에서는 볼 수 없는 일본어 연체사만의 특징이다.

셋째, 일본어 연체사 「-た」의 경우에서도 「たいした学者」라고 할 때, 이 「たいした」는 동사 「たいする(대하다)」의 과거형이 아니라 '대단한'의 뜻을 가진 연체사이다. 즉 한국어에서는 형용사가 연체사가 될 수 있는 용법이 없는 반면에, 일본어의 연체사에서는 형용사의 어간이 그대로 연체사의 어간으로 쓰일 수 있다는 점에서 차이가 난다.

3 혼동하기 쉬운 연체사

3-1. 혼동하기 쉬운 일본어의 연체사

① 연체사와 대명사(연체사의 어미가 「の」인 것)

〈예〉· <u>この</u>紙は白いです。 (연체사)

· <u>この</u>本を上げましょうか。 (연체사)

· <u>これ</u>は白いです。 (대명사)

· <u>これ</u>を上げましょうか。 (대명사)

* 대명사인 「これ」 「それ」 「あれ」 「どれ」와 연체사인 「この」 「その」 「あの」 「どの」

모두가 사물을 가리키는 의미이기 때문에 혼동하기 쉽다.

② 연체사와 동사(연체사의 어미가 「る」인 것)

　〈예〉・<u>ある</u>日、彼に会いました。(연체사)

　　　・<u>ある</u>日の事でした。(연체사)

　　　・右に<u>ある</u>本。(동사)

　　　・机の下に<u>ある</u>のは何ですか。(동사)

　　★「ある」는 위치와 기능에 따라 연체사가 되기도 하고, 동사의 기능을 지니기도 한다. 위의 예문에서 보이는 바와 같이 연체사는 다른 품사에서 전성되어 확고한 제 자신의 、문법적 위치를 갖고 있지 않다고 볼 수도 있다.

---

③ 연체사와 형용사의 연체형(연체사의 어미가 「な」인 것)

　〈예〉・<u>大きな</u>目をしている。(연체사)

　　　・<u>大きい</u>目をしている。(형용사의 연체형)

　　　・<u>小さな</u>目をしている。(연체사)

　　　・<u>小さい</u>目をしている。(형용사의 연체형)

　　★ 의미용법상에서 볼 때, 「大きな」는 주관적 의미를 나타내며 주로 접속되는 명사가 추상명사(抽象名詞)인 데 비해, 「大きい」는 객관적 의미를 나타내며 주로 접속되는 명사가 구상명사(具象名詞)에 속한다.

　　★「大きな」「小さな」「おかしな」등의 연체사는 형용사에서 파생된 것이므로 형용동사의 연체형과 혼동하지 않도록 주의해야 한다.

〈예〉・いろいろの物 (명사 + 명사)

　　　・いろいろな物 (형용동사의 연체사 + 명사)

　　　・いろんな物 (연체사 + 명사)

④ 연체사와 부사(연체사의 어미가 「た」인 것)

〈예〉・<u>たった</u>一度ソウルに来たことがある。(연체사)

　　　・家に帰ったら<u>すぐ</u>返事をかきます。(부사)

3-2. 혼동하기 쉬운 한국어의 관형사

① 관형사와 접두사

한국어의 관형사와 접두사는 명사를 수식한다는 점에서는 동일하나 실제로는 엄격한 차이점이 있다. 관형사와 명사 사이에는 다른 단어가 끼어들 수 있으나, 접두사와 명사 사이에는 아래의 예에서 보이는 것처럼 어떤 단어도 끼어들 수 없다.

관형사	모든 (O)사람
접두사	덧(×)신

★ 관형사의 '모든'과 명사 '사람' 사이에는 '착한'이라는 단어가 끼어들 수 있으나, 접두사의 '덧'과 명사 '신' 사이에는 어떤 말도 끼어들 수 없다.

그리고 아래의 예에서 보이는 것처럼 관형사는 접두사에 비하여 그 뒤에 오는 명사의 제약을 덜 받는다.

관형사	모든 「-나라, -사람, -소문, -수건, -책, -옷…」
접두사	헛 「-사람(×), -수건(×), -책(×), -것, -소문, -수고, -일…」

★ 관형사 '모든'은 구상명사(具象名詞)나 추상명사(抽象名詞)의 모두와 같이 할 수 있으나, 접두사 '헛-'은 일부의 명사와만 같이한다.

② 관형사와 형용사 및 부사

	한국어	일본어
관형사	새 벽돌집.	新しいれんが造りの家。
형용사	집이 새롭다.	家が新しい。
부사	집을 새로 짓는다.	家を新しく建てる。

③ 관형사와 대명사

관형사	의 책, 저 사람
대명사	그리운 이는, 그가 온다.

★ '이, 그, 저'의 다음에 조사나 의존명사(依存名詞)가 있으면 대명사, 없으면 관형사이다.

3-3. 한일 양언어의 대조

<u>어느</u> 집이 큽니까?	<u>どの</u>家が大きいですか。
종이는 <u>열</u> 장 있습니다.	紙は<u>十</u>枚あります。

한일 양언어의의 '어느'(관형사)와 「どの」(연체사)가 체언 앞에서 그 체언을 꾸미는 점에서는 일본어의 연체사와 한국어의 관형사가 비슷함을 알 수 있다. 그러나 한국어의 관형사 '열'에 대응하는 일본어는 「十枚」로서 명사(수사)인 점에서 차이가 있다.

4 연체수식어

4-1. 일본어의 연체수식어

체언을 수식하는 것이 모두 일본어의 연체사는 아니다. 연체사는 품사의 이름이고, 연체수식어는 문장 성분 즉 문장상의 기능에 따른 것이다. 따라서 품사상의 이름과 문장상의 기능(역할)에 따라 확실히 구별할 필요가 있다.

연체수식어	예
명사 + 조사 「の」	<u>あなたの</u>お父さんは立派だ。
동사의 연체형	<u>読む</u>本がない。
형용사의 연체형	<u>美しい</u>花が咲いた。
형용동사의 연체형	<u>静かな</u>部屋が欲しい。
부사 + 조사 「の」	<u>すべての</u>事がうまくいかない。
연체사	<u>あらゆる</u>花が咲いた。
조동사의 연체사	友だちの<u>書いた</u>手紙です。

4-2. 한국어의 연체수식어

한국어에서도 연체수식어는 문장 내에서 체언을 꾸며 주는 기능을 하는 성분이다. 따라서 모든 관형사는 당연히 연체수식어가 되지만, 관형사가 아닌 다른 품사도 형태의 변화를 통해 연체수식어가 될 수 있다.

연체수식어	예
모든 관형사	<u>새</u> 옷이 참 이쁘다.
체언 + 관형격 조사 '의'	<u>나의</u> 살던 고향이 그립다.
용언의 어간 + 연체수식어형 전성어미 'ㄴ, 은, 는, ㄹ, 을, 던' 등	<u>차가운</u> 물을 마시고 싶다.
	<u>뛰는</u> 놈 위에 <u>나는</u> 놈 있다.
	나의 <u>살던</u> 고향이 그립다.

4-3. 한일 양언어의 대조

먼저 일본어의 「체언(体言) + の」에 대응하는 한국어 '체언 + 의', '체언', '체언 + (의)'에서 양언어의 체언의 기능이 다르다는 것을 알 수 있다. 한국어의 체언은 체언 자체가 그대로 뒤에 오는 체언을 직접 한정 수식할 수 있는 연체수식어의 기능을 가지고 있는 반면에, 일본어의 체언은 본래 그 자체로는 문중에서 어떠한 자격도 주어지지 않는다.

그리고 한일 양언어의 용언의 연체형(일본어)과 관형사형(한국어)에서, 일본어의 경우는 형용동사를 제외하고는 동사와 형용사의 연체형은 종지형과 똑같은 형태로 뒤에 오는 체언을 수식하는 반면에, 한국어의 동사와 형용사의 관형사형은 항상 어미의 변화에 따라 뒤에 체언을 수식하고 있다.

06

부사

1-1. 일본어 부사의 정의

일본어의 부사는 자립어이지만 활용이 없다. 주로 동사나 형용사, 형용동사(용언)를 수식하는 연용수식의 기능을 담당하며, 때로는 명사(체언)를 수식하는 연체수식의 역할을 하기도 한다.

- 자립어이지만 활용이 없다.
- 주어는 될 수가 없으며 수식어가 된다.
- 부사에 조동사가 붙어서 술어가 되는 경우가 있다.
- 용언수식이 주기능이지만 체언과 부사를 수식하는 경우도 있다.
- 단독으로 문장의 주어나 조동사가 될 수 없다.
- 「부사 + の」의 형으로 연체수식어가 되기도 한다.

1-2. 한국어 부사의 정의

한국어의 부사는 용언이나 관형사, 다른 부사 또는 일부 체언과 같은 단어들을 수식하거나 문장을 수식하기도 한다.

- 부사는 어미의 활용이 없고 형태가 변하지 않는다.
- 시제와 높임·낮춤을 표시하지 못한다.
- 부사는 보조사(補助詞)와 결합할 수 있으나 격조사와의 결합은 원칙적으로 허용되지 않는다.
- 부사의 성분은 주로 부사어(副詞語)이지만 문장에 접속하는 경우에는 독립어 구실을 한다.

• 부사는 용언의 한정이 주요 기능이지만, 그 이외의 다양한 기능도 가지고 있다.

1-3. 한일 양언어의 대조

한일 양언어의 부사는 기본적으로 용언 및 체언이나 다른 부사를 수식하는 공통점을 보이고 있다. 그러나 문법(품사)의 정의에 있어서 일본의 학교문법은 10품사로 분류하는 이론을 근거로 하여 부사와 접속사를 독립적으로 정의하고 있는 데 비하여, 한국의 학교문법에서는 9품사를 근거로 하여 접속사를 따로 분류하지 않고 부사의 하위범주로 처리하여 전혀 다른 두 가지의 품사로 다루고 있다.

2 부사의 분류

2-1. 일본어 부사의 분류

일본어의 부사는 정태부사(情態副詞), 정도부사(程度副詞), 진술부사(陳述副詞)의 3가지로 나누어진다. 이 3가지 종류의 부사의 각각의 특성은 다음과 같다.

(1) 정태부사

「ゆっくり歩く」「そっと触れる」와 같은 동작이나 「じっと座っている」와 같은 상태를 상세하게 서술하는 부사를 정태부사라고 한다. 그러나 정태부사라는 용어는 활동이 없는 '상태'만을 수식하는 것이라는 오해를 할 수 있기 때문에 학교문법 밖에서는 양태부사라고 하는 경우도 있다.

정태부사에는 「ふわふわ飛ぶ」「どんどん叩く」 등의 의음(성)어・의태어(オノマト

ペ)가 많이 포함되어 있다. 그리고 의음(성)어・의태어는 어간의 용법이 다양해서 「床がぴかぴか光る」와 같이 어간 단독으로 상태를 나타내는 것이 가능하다. 「ぴかぴかだ」「ぴかぴかな鏡」라고도 말할 수 있기 때문에 일반적으로 형용동사로 보이기도 하지만, 일반적인 형용동사는 의음(성)어・의태어 달리 「元気走る(×)」와 같이 어간만으로 동사를 수식할 수 없다.

그리고 정태부사에는 「火が小さくなってやがて消えた」의 「やがて」나 「しばらく待っていた」의 「しばらく」와 같이 시간적인 모습을 나타내는 부사도 포함된다.

(가) 정태부사의 종류

〈예〉 まずまず/しばらく/しばしば/やがて/まだ/予め/すっかり/全て/かねて/時々/
再び/わざわざ/じっと/直に/どっかり/すでに/そよそよ(と)/たまさか(に)/
直ちに/忽ちに

(나) 정태부사의 예문

〈예〉・はっきりと見える。(상태)

・おもむろに話す。(상태)

・じきに帰る。(시간)

・たちまち雨が止んだ。(시간)

・ゆらゆらと揺れる。(의음(성)/의태어)

・いそいそ働く。(의음(성)/의태어)

(2) 정도부사

정도부사는 이름 그대로 정도(스케일)를 가지는 말을 수식한다. 정도를 가지는 말은 주로 형용사나 형용동사, 정태부사이고 정도부사는 이러한 말들의 정도를 한정하는 역할을 한다. 형용사, 형용동사, 상태부사의 「ゆっくり」 등은 정도부사 「もっと、たい

へん、とても、少し」 등으로 그 정도를 나타낼 수 있다. 또한 체언을 수식하는 경우에는 방향, 수량, 시간, 사정에 한정된다.

이 외에도 정도부사는 「もっとも」나 「より」와 같이 다른 대상을 기준으로 한 상대적인 정도를 나타내는 비교의 부사가 있다. 또한 「たくさん食べた」나 「いっぱい本をもらった」와 같이 동작이나 변화의 양을 나타내는 양부사(量副詞)도 학교문법에서는 정도부사에 포함시킨다.

(가) 정도부사의 종류

〈예〉殆ど/もっとも/すこぶる/なかなか/すっかり/些か/僅か/ちょっと/幾分/
極めてすこぶる/だだ/ごく/いっこう/だいぶ/かなり/もっと/非常に/ずっと/
めっきり

(나) 정도부사의 예문

〈예〉・すこし暑い。(형용사 수식)

・ますますふえる。(동사 수식)

・ひどくぼんやりしている。(부사 수식)

・もう一週間先にして下さい。(체언 수식, 수량)

・もっと右へ歩きなさい。(체언 수식, 방향)

(다) 양과 빈도의 구분

정도부사는 양이나 빈도를 수식하는 경우가 있다. 「かなり」와 「よく」을 사용한 예문으로 이에 대해서 알아본다.

・「かなり」

〈예〉・この問題はかなり難しい。(문제의 난역도의 정도)

・この事故で乗客が<u>かなり</u>亡くなったらしい。(사고로 죽은 사람의 수(량))

・「<u>よく</u>」

〈예〉・吉田君の試験は<u>よく</u>できています。(吉田君의 시험의 완성도)

・吉田君は<u>よく</u>海外旅行に行きます。(吉田君이 해외에 여행하는 빈도)

(3) 진술부사

일본어의 부사 중에는 특정의 서술이나 접속조사와 의미 용법에서 서로 함께 하는 것들이 있다. 이와 같은 현상을 부사의 호응(呼応)이라고 한다. 이러한 호응을 나타내는 부사를 일반적으로 진술부사(陳述副詞)라고 부른다. 따라서 진술부사는 뒤에 오는 내용을 미리 알리는 기능을 가지고 있다. 예를 들면 가정조건과 호응하는 것 중에서 「たとえ」와 「いくら」는 역접의 가정조건을 나타내는 「でも」와 호응한다. 이 외에 「もし」「かりに」 등은 순접의 「ば」 등과 함께 역접의 「でも」와도 호응한다. 이와 같은 일본어의 진술부사에는 다음과 같은 것들이 있다.

(가) 진술부사의 종류

・부정 : けっして/少しも/ちっとも/夢にも/全然/ろくろく/断じて/あまり

・금지 : けっして/だんじて

・비유 : ちょうど/まるで/あたかも/さも/いかにも

・추량 : たぶん/おそらく/きっと/さぞ

・부정추량 : まさか/よもや

・원망・의뢰 : どうか/ぜひ/なにとぞ/どうぞ

・의문・반어 : どうして/なぜ/なんで

・가정조건 : もし/かりに/たとえ/いくら/たとい

・강조 : さすがは/いやしくも/かりにも

・단정・결의 : 必ず/ぜひ/きっと/もちろん

(나) 진술부사의 예문

〈예〉・<u>さっぱり</u>分かりません。(부정)

・<u>断じて</u>うそは言うな。(금지)

・<u>まるで</u>夢のようだ。(비유)

・あしたは<u>たぶん</u>晴れるだろう。(추량)

・<u>まさか</u>そんなことはしないだろう。(부정추량)

・<u>どうか</u>許してください。(원망・의뢰)

・<u>なぜ</u>笑わないのか。(의문・반어)

・<u>たとえ(たとい)</u>雨が降っても参ります。(가정조건)

・<u>さすが</u>は君だ。(강조)

・<u>きっと</u>僕がして見せる。(단정・결의)

2-2. 한국어 부사의 분류

일반적으로 한국어의 부사는 문장에서의 역할에 따라서 성분부사와 문장부사로 나누어진다.

(1) 성분부사(成分副詞) : 문장 안에서 특정한 한 성분(용언, 다른 부사, 일부 체언)을 수식하는 역할을 하는 부사를 말한다. 이러한 성분부사는 기능과 의미에 따라서 성상부사(性狀副詞 : 용언의 내용을 실질적으로 수식), 지시부사(指示副詞 : 특정대상을 가리킴), 부정부사(否定副詞 : 부정의 의미를 가짐), 의성부사(擬声副詞 : 사물의 소리를 흉내), 의태부사(擬態副詞 : 사물의 모양을 흉내)로 나누어진다.

(가) 성상부사

상태나 정도를 나타내며 주로 용언의 내용을 실질적으로 수식하는 부사이다. 즉 용언의 내용을 '어떻게'의 방식으로 수식하는 부사이다.

① 성상부사의 종류

〈예〉· 바로/참/갑자기/조용히/깊이/더욱/천천히/옹기종기 (상태를 나타내는 부사)
· 아주/약간/꽤/많이/잘/가장/얼마나/너무/얼마나 (정도를 나타내는 부사)

② 성상부사의 예문

〈예〉· 올해는 눈이 <u>참</u> 많이 내린다. (상태를 나타내는 부사)
· 그는 이 근방에서 키가 <u>가장</u> 크다. (정도를 나타내는 부사)

(나) 지시부사 : 먼저 나온 내용을 지시하고, 발화를 중심으로 공간과 시간을 지시하는 부사이다.

① 지시부사의 종류

〈예〉· 이리/그리/저리/여기/어디/고리/요기/고기 (장소)
· 일찍이/이때/이미/곧/문득/매일/이제/이따금 (시간)

② 지시부사의 예문

〈예〉· 이리 오지 말고 <u>그리</u> 가거라. (장소)
· <u>이따금</u> 학창시절의 추억이 생각난다. (시간)

(다) 부정부사 : 부정하는 의미를 가진 부사이다.

① 부정부사의 종류

〈예〉 못, 안(아니) (부정)

② 부정부사의 예문

〈예〉 못 먹는 것이 아니라, <u>안</u> 먹는 것이겠지. (부정)

(라) 의성부사 : 사물의 소리를 사람의 감각으로 느끼는 것으로 표현하는 부사이다.

① 의성부사의 종류

〈예〉 쾅쾅/철썩철썩/졸졸/탕탕/줄줄/데굴데굴/으르렁으르렁/부릉부릉

② 의성부사의 예문

〈예〉 벨을 눌러도 대답이 없자 문을 쾅쾅 두드리기 시작했다.

(마) 의태부사 : 사물의 모양을 사람의 감각으로 느끼는 것으로 표현하는 부사이다.

① 의태부사의 종류

〈예〉 사뿐사뿐/옹기종기/굼실굼실/울긋불긋/느릿느릿/반짝반짝

② 의태부사의 예문

〈예〉 옹기종기 모여 앉아 <u>반짝반짝</u> 빛나는 별을 바라보고 있었다.

(2) 문장부사 : 부사의 뒤에 위치하는 문장 전체를 수식하는 부사로 양태부사(樣態副詞)와 접속부사(接続副詞)로 구분된다.

(가) 양태부사 : 화자의 의도나 태도를 나타내는 부사이며, 문장 전체에 대한 판단을 내리는 역할을 한다.

① 양태부사의 종류

〈예〉·정말, 실로, 마땅히, 모름지기, 분명히, 응당 (강조/역설)

·과연, 꼭, 기필코, 반드시, 기어이, 단연코 (단정/필연)

·흡사, 마치, 틀림없이 (비유/비교)

·결코, 조금도, 털끝만큼도 (부정)

·왜, 어찌, 설마 (의혹/반의)

- 아마, 글쎄 (추측)

- 만약, 가령, 아무리, 만일 (가정)

- 제발, 부디 (명령/희망)

- 정녕, 정작 (구속)

② 양태부사의 예문

〈예〉· <u>정말</u> 놀라운 일이다. (강조/역설)

- 내일은 <u>꼭</u> 돌려주십시오. (단정/필연)

- 그의 움직임은 <u>마치</u> 고양이와 같다. (비유/비교)

- 그 일에 대해서는 <u>털끝만큼도</u> 책임을 느끼지 않는다. (부정)

- <u>왜</u> 사람은 살아가는 것일까? (의혹/반의)

- <u>아마</u> 생명은 우주의 다른 행성에도 존재할 것이다. (추측)

- <u>만약</u> 내 꿈을 이루게 된다면 내 삶은 가치가 있는 삶이 될 것이다. (가정)

- 이번 시험은 <u>부디</u> 합격하길 바랍니다. (명령/희망)

- 그것이 <u>정녕</u> 그대의 물건이요? (구속)

(나) 접속부사 : 앞과 뒤의 단어와 단어, 문장과 문장을 연결하고 문장의 수식기능을 가지고 있는 것을 접속부사라고 한다.

① 접속부사의 종류

〈예〉· 왜냐하면, 왜 (원인)

- 그러므로, 그러니까, 따라서, 고로 (결과)

- 그러면, 곧, 그래서 (해설)

- 그러나, 그래도, 하지만, 아니면 (역접)

- 그리고, 또한, 혹은, 한편 (병렬)

- 더욱이, 특히, 또 (첨가)

- 그런데, 아무튼, 어쨌든 (전환)

② 접속부사의 예문

〈예〉·내가 좋아하는 분야는 정치, 경제 <u>그리고</u> 문화이다. (단어의 병렬)

·비가 오기를 기다렸다. <u>그러나</u> 비는 내리지 않았다. (문장의 역접)

★ 한국어 문법론에서의 접속사의 설정

한국어의 학교문법에서 접속부사로 설정하고 있는 '그리고/그러나/왜냐하면/또/혹은' 등을 접속사로 따로 설정하자는 의견도 있다. 즉 위와 같은 한국어의 접속부사는 단순하게 단어와 단어, 문장과 문장을 연결해 주는 성격이 강하기 때문이다.

물론 문장을 수식하는 문장부사의 일종으로 볼 수 있는 것도 있지만 그렇지 않은 것들도 많이 나타나기 때문이다. 따라서 형태 변화가 없고 단순히 단어와 단어, 문장과 문장을 연결하는 접속사를 따로 분리하여 조사와 같이 관계언(関係言)에 포함시키자는 이론도 있다.

2-3. 한일 양언어의 대조

일본어 부사의 경우는 부사의 역할(기능)과 의미에 따라 각각의 부사를 분류하는 것에 비해, 한국어 부사의 경우는 먼저 문장 속의 역할(기능)을 중심으로 분류한 다음 다시 의미상으로 분류한다. 따라서 분류상의 이름은 상이해도 각각의 부사는 내용상으로는 서로 매우 유사한 대응관계를 갖고 있음을 알 수 있다.

일본어		한국어	
정태부사 정도부사 장소·방향을 나타내는 대명사	성분부사	성상부사	상태 정도
		지시부사	장소 시간
		부정부사	
조동사의 「ない」 음상징어 음상징어		의성부사	상징
		의태부사	
진술부사 접속사	문장부사	양태부사 접속부사	

3   부사의 기능

3-1. 일본어 부사의 기능

(가) 일반적인 기능

① 동사/형용사/형용동사(용언)를 수식한다.

〈예〉· 字が<u>はっきり</u>見える。

· <u>少し</u>暑い。

· <u>とても</u>静かだ。

② 체언을 수식한다.

〈예〉· <u>ずっと</u>昔のことだ。

③ 부사를 수식한다.

〈예〉・<u>もっと</u>ゆっくり。

④ 조사의 「の」를 사이에 넣어서 체언을 수식하는 연체수식어가 된다.

〈예〉・<u>かなり</u>の人出。

(나) 상태부사의 기능

① 정태부사에 의한 수식과 형용사/형용동사에 의한 수식과의 비교

부사	형용사/형용동사
<u>しばらく</u>休む。 <u>全く</u>驚いた。 <u>ただちに</u>出発する。	<u>早く</u>起きる。 <u>美しく</u>咲く。 <u>静かに</u>眠る。

일본어의 형용사와 형용동사에 속하는 「早い」「美しい」「静かだ」 등은 「早く」「美しく」「静かに」처럼 다른 말로 바꾸어서 사용하는 것이 가능하다. 그러나 일본어의 부사에 속하는 「しばらく」「全く」「ただちに」 등은 다른 말로 바꾸어서 사용하는 것이 불가능하다. 즉 활용이 있으면 형용사/형용동사, 활용이 없으면 부사로 구분할 수 있다.

그리고 정태부사는 형용사/형용동사의 연용형과 같이 수식관계를 구성하며, 구문관계상 대등하다고 할 수 있으며, 정태부사에 의한 수식은 형용사/형용동사에 의한 것보다 더 자세하게 양상(樣相)을 분석한다.

즉, 정태부사는 양상의 분석에 있어서 형용사/형용동사보다도 분석의 추상도(抽象度)가 낮으며, 보다 개별적 구체적인 존재로서 양상에 밀착한 속성표현을 하고 있다. 또한, 정태부사를 이용하여 수식관계를 구성할 경우, 술어와의 사이에 일정한 선택제

한이 존재한다는 것을 알 수 있다.

② 상태부사 어미의 「と」「に」의 구분

상태부사 중에는 「と」나 「に」로 끝나는 것이 있는데, 양자 간에는 의미적으로 차이가 있다.

ⓐ 「と」로 끝나는 경우
• 의음(성)어이다.
〈예〉·笛を<u>ぴいぴいと</u>吹く。

• 자연현상이나 사람의 움직임을 나타낸다.
〈예〉·雪が<u>ちらちらと</u>降る。

즉 위의 예문에서 보이는 바와 같이 「と」의 형태는 사람이 눈이나 귀 등으로 파악한 동작의 과정을 나타내는 것이다.

ⓑ 「に」로 끝나는 경우
• 동작이나 작용이 더해지는 것으로 발생하는 상태를 나타낸다.
〈예〉·<u>かちかちに</u>氷る。

또한, 다음과 같이 구분할 수도 있다.

〈예〉·<u>びりびりと</u>破く。(현재 종이를 찢고 있는 것을 파악한 표현)
·<u>びりびりに</u>破く。(이미 찢어져 있는 상태에 무게를 둔 표현)

(다) 정도부사의 기능

정도부사는 수식에 있어서 정도의 의미를 내포하고 있는 단어를 수식해서 그 정도를 나타내고, 다양한 표현 중에서 순번을 나타낼 수 있다. 예를 들면 「ピンク」는 정도의 의미를 내포하고 있는 명사이기 때문에「とてもピンクだ」라는 표현이 가능하다. 그리고 위치관계를 나타내는 전, 후, 좌, 우, 상, 하 등의 말들은 그 거리와 방향이 정도를 내포하고 있기 때문에 정도부사로 수식이 가능한 것이다. 그리고 이러한 정도를 내포하고 있는 단어가 여러 가지 말들로 수식이 되었을 때는 다음과 같이 상대적 비교로 순차적으로 순번을 정할 수 있다.

〈예〉·とても大きい ＞ かなり大きい ＞ すこし大きい

(라) 진술부사의 기능

진술부사는 술어와의 관용적인 호응으로 문장을 완성한다. 이것을 '부사의 호응'이라고 한다. 따라서 서술부에서 서술하는 부정이나 추량 등을 미리 예고해서 상대에게 전달하는 역할(기능)을 한다.

3-2. 한국어 부사의 기능

한국어의 부사는 주로 수식기능을 하지만, 일부의 부사는 접속기능을 갖고 있기도 하다.

(가) 일반적인 기능

① 부사는 주로 용언을 수식하며, 이 때 대체로 뒤따르는 성분을 수식한다.
　〈예〉·어제는 생각보다 많이 걸었다. (동사 수식)
　　　·교실이 너무 시끄럽다. (형용사 수식)

② 부사를 수식할 때는 정도를 나타낸다.
　〈예〉·이 브랜드는 세계에서 가장 높은 지명도를 가지고 있다.

③ 복수로 사용된 부사도 용언을 수식한다.

④ 접미사 '-이/-히'가 붙은 부사와 보조적 연결어미 '-게'가 붙은 용언은 서로 바꾸어서 사용할 수 있다. 그러나 '-이/-히'는 주관적이고 내적인 반면, '-게'는 객관적이고 외적이다.

〈예〉· 그는 <u>조용히</u> 걸었다. → 그는 <u>조용하게</u> 걸었다.
· <u>영원히</u> 잊히지 않을 사람. → <u>영원하게</u> 잊히지 않을 사람.

⑤ '아니/못' 등의 부정부사는 자리바꿈이 안 된다.

〈예〉· 어제는 학교에 <u>안</u> 갔다.→ 어제는 안 학교에 갔다.(×)

⑥ 격조사와 결합하지 않는다.

⑦ 주로 부사어로 쓰이며 용언을 수식한다.

(나) 부사의 부속기능

부사는 용언을 수식하는 역할(기능) 이외에 체언, 수식어를 수식하기도 한다.

① 체언을 수식한다. 그러나 체언을 수식하는 경우에는 수량이나 정도, 위치를 나타내는 말에 국한된다.

〈예〉· 나는 꼭 너와 사귀겠다.

그리고 다른 부사나 관형사, 체언을 수식할 때는 서로 자리를 바꾸는 것이 불가능하다.

② 수식언(修飾言)을 수식한다.

〈예〉· 더 <u>빨리</u> 걸어라.

③ 구(句)/절(節)/문장(文章)을 수식한다.

〈예〉· 그들은 <u>결코</u> 죽음을 두려워하지 않았다.

(다) 부사의 접속기능

① 단어와 단어, 문장과 문장 등을 접속하는 기능을 가진다.

〈예〉·그는 행동 및 품성이 훌륭하다.

② 문장에 '형용사어간 + 게'의 형태가 사용되어 문장부사가 된다.

(다행스럽다, 불쌍하다, 이상하다, 슬프다, 어리석다, 귀찮다, 재빠르다, 불행하다)

〈예〉·<u>불행하게(도)</u> 그가 사고를 당했다.

③ 부사어는 관형사와 달리 자리 바뀜이 용이하다.

〈예〉·<u>의외로</u> 철수가 시험에 떨어졌다.

·철수가 <u>의외로</u> 시험에 떨어졌다.

④ 부사어는 관형사와 달리 주어진 문맥 속에서 단독으로 사용될 수 있다.

〈예〉·이곳에 늘 오시나요, <u>가끔</u> 오시나요.

(라) 부사의 기타 기능

① 부사어는 보조사를 비교적 자유롭게 취한다.

〈예〉·세월이 <u>빨리도</u> 가는구나. (빨리 + 도)

② '못/안' 부정문에 수량을 나타내는 부사 '다/모두/많이/조금' 등이 쓰이면 중의적인 뜻을 나타낸다.

〈예〉·학생들이 <u>다</u> 못 왔다. (오지 못 했다.)

③ '없이/달리/같이' 등의 말은 용언에서 파생한 부사로 다른 부사와는 달리 서술어 기능을 가진다.

〈예〉·돈 <u>없이</u> 가려고 한다.

위와 같은 유형의 파생부사로 '듯이/비슷이' 등이 있는데, 이 때 '이'는 그에 따르는 문장을 부사화하는 부사절 형성의 접사(接辭)이다.

3-3. 한일 양언어의 대조

일본어와 한국어의 부사의 주된 기능은 모두 용언을 수식하는 점에서 유사하다. 그리고 양쪽 다 용언뿐만이 아니라 체언 등을 수식하기도 하고, 앞에서 살펴보았던 부사의 분류에서와 같이 정태부사와 성상(상태)부사, 정도부사와 성상부사, 진술부사와 양태부사 등이 서로 대응하고 있음을 알 수 있다.

그리고 한국어의 접속부사가 일본어에서는 접속사로 하나의 품사로 따로 분리되어 있는 점에서 한일 양언어가 서로 다른 모습을 보이기도 하지만, 전체적인 부사라는 품사에서 보았을 때는 정의ㆍ분류ㆍ기능면에서 거의 일치한다고 할 수 있다.

4 합성부사

4-1. 일본어의 합성부사

(1) 형성 방법

단어	단순어	하나의 어근만으로 된 어간을 가진 단어	
	합성어	복합어(복합법)	어근 + 어근
		파생어(파생법)	접사 + 어근, 어근 + 접사

복합어는 어근 또는 어근적인 단어형성 요소가 2개 이상 결합하여 이루어진 어간(단어)이고, 파생어는 어근 또는 어근을 포함하는 단어형성 요소에 접사(접두사, 접미사)가 결합하여 만들어진 단어이다.

(2) 복합부사

① 명사 + 명사

〈예〉·<u>時々</u>映画を見るが、<u>特に</u>好きではない。

② 명사 + 조사

〈예〉·この本は<u>誠に</u>おもしろい。

③ 동사 + 동사

〈예〉·<u>繰り返し</u>練習する。

④ 동사 + 조사

〈예〉·この冬<u>至って</u>寒い。

⑤ 동사 + 조동사

〈예〉·びっくりして<u>思わず</u>コップを落としてしまいました。

⑥ 부사 + 조사

〈예〉·お願いですから、<u>どうか</u>お金を貸してください。

⑦ 같은 것의 반복

〈예〉·火は<u>みるみる</u>広がって大火事になってしまった。

⑧ 형용사 + 조사

〈예〉·大きな石を<u>軽々と</u>持ち上げる。

(3) 파생부사

① 동사의 연용형으로부터의 전성, 또는 그것을 어기(語基)로 한 파생형.

〈예〉・ひととおり、文治通り、折々、思い切り、差し当り

② 조사 「に」

〈예〉・次第に、ついに、一思いに

③ 조사 「と」

〈예〉・ずいと、ふと、うとうと、りゅうと、れいれいと、ながながと、わざと

④ 2음절 어기 중복형의 음상징어

〈예〉・ばらばら、ちらちら、そよそよ、こんこん

⑤ 동사의 연용형 + 조사 「て」

〈예〉・強いて、神かけて、時として、概して、主として

⑥ 조사 「も」、「とも」

〈예〉・さしも、よも、よくも、びくとも、少なくとも

　이상에서 알 수 있듯이 일본어에는 부사의 어미(語尾)로서의 성격을 갖는 것들이 있는데, 이것을 정리하면 다음과 같다.

　・「り」 : 음상징어의 상태부사로서의 전용래음(伝用来音).
　・「に」 : 조사와 조동사 「なり」(또는 형용동사)의 연용형에서 유래한 것으로 추정.
　・「と」 : 조사.
　・「く」 : 형용사의 연용형 어미.
　・「ら」 : 음상징어의 부사형 어미.
　・「て」 : 접속조사.

4-2. 한국어의 복합부사

(1) 형성 방법

단어	단일어	단 하나의 형태소로 구성	
	복합어	파생어(파생법)	실질형태소 + 형식형태소
		합성어(합성법)	실질형태소 + 실질형태소

(2) 합성부사

① 통사적 합성법

조어방법	형태	예
명사 + 명사	융합관계	밤낮, 춘추, 산수
관형사 + 명사	수식관계	온종일, 그냥, 이다지, 그다지
부사 + 부사	한정관계	죄다, 곧잘

② 비통사적 합성법

	의성부사	의태부사
동음반복	졸졸, 쏼쏼, 출렁출렁	구불구불, 뭉기적 뭉기적
류음반복	와르릉꽈르릉	갈팡지팡, 얼룩덜룩, 허둥지둥

(3) 파생부사

① 접두사에 의한 부사의 파생 (덩두렷이, 맨 먼저, 외따로)
② 접미사에 의한 부사의 파생

명사 + 접미사	곳곳이, 때때로, 끝끝내, 나날이
동사어근 + 접미사	너무, 비로소, 차마, 마주, 자주
형용동사어근 + 접미사	가만히, 같이, 빨리, 급히, 넉넉히
관형사 + 접미사	새로
부사 + 접미사	곧장

(4) 기타

① '오늘, 어제, 내일, 처음, 그저께' 등의 명사는 문장에서 어형의 변화 없이 부사로 쓰인다.

② '기껏해야, 고사하고, 되도록, 불구하고, 내지, 가급적, 비교적' 등은 부사로 굳어 진 것으로 다룬다.

③ '형용사어간 + 게'의 형태

4-3. 한일 양언어의 대조

한일 양언어의 부사는 합성(또는 복합/반복합성), 파생을 주요한 방법으로 하여 형성되고 있다. 일본어의 합성부사 경우는 「명사, 동사, 부사, 형용사어간 + 조사(に, と, て, か)」로 만들어지는 데 비하여, 한국어의 복합부사 경우는 「명사, 형용사, 동사, 관형사, 부사의 어근 + 접미사」로 만들어지는 것들이 대부분이다.

또한, 일본어의 경우 부사로 만드는 어미로 특정의 음절 「~り, ~に, ~と(~りと, ~つと, ~んと), ~ら, ~て(~して, ~じて), ~も」 등이 다양하게 분포되어 있으며, 한국어의 부사는 각 품사의 어근에 접미사가 붙어서 이루어진 관계로 「~히, ~이, ~껏, ~내, ~로(명사에서 부사로 파생), ~우(~오), ~히, ~이(용언에서 부사로 파생)」

로 구성된 부사의 분포를 볼 수 있다.

즉, 한일 양언어의 부사는 어형적인 측면에서 보아 서로 유사한 특징을 갖고 있는데, 발생적으로는 음상징어인 것, 형식적으로는 첩어적인 것, 한어로부터의 차용 내지는 파생에 의한 것 등이 부사의 주요한 어군(語群)을 형성하고 있다는 점이다.

그리고 한일 양언어의 부사는 모두 각각의 어원으로 볼 때, 처음부터 부사로 쓰이던 것보다는 다른 품사로 쓰이던 말이 접사 또는 조사의 첨가에 의하여 2차적으로 형성된 합성부사(복합부사) 또는 파생부사가 다수를 차지하고 있다는 유사점을 갖고 있음을 알 수 있다.

07

접속사

접속사의 정의

　일본어 접속사(接続詞)와 한국어 접속부사(接続副詞)는 그 기능과 역할에 있어서는 거의 유사하지만 품사 속 독립성에는 차이가 있다. 아래의 표에서 보이는 바와 같이 일본어에서의 접속사는 하나의 독립된 품사로 존재하는 데 비해, 한국어의 품사 분류에서는 접속사의 모습을 찾아볼 수 없다. 즉 한국어에서의 접속사는 부사(副詞) 속의 하위분류로 존재한다.

❖ **일본어 10품사 분류표**

형태기준분류		기능기준분류	의미기준분류
단어	독립어	체언	명사(대명사, 형식명사)
		용언	동사, 형용사, 형용동사
		수식언	부사, 연체사
		독립언	접속사
			감동사
	부속어	부속어	조동사, 조사

❖ **한국어 9품사 분류표**

형태기준분류		기능기준분류	의미기준분류
단어	불변어	체언	명사, 대명사, 수사
		수식언	관형사, 부사
		독립언	감탄사
		관계언	조사
	변화어(가변어)	용언	동사, 형용사

그렇다면 부사란 무엇인가. 부사란 주로 용언 앞에서(용언에 첨부되어) 뒤따르는 용언을 수식하여 그 의미를 분명히 해주는 말이다. 한일 양언어에서 거의 동일한 기능과 역할을 보이는 부사는 독립어이고 활용을 하지 않으며, 같은 부사나 명사를 수식하기도 한다. 그러나 부사는 다음에 오는 하나의 단어나 구(句)를 한정하지만, 접속사는 앞 문장을 이어 받아 다음에 오는 구절이나 문장을 한정한다는 점에서 차이를 보인다. 다시 말해서 접속사는 수식하는 기능이 아닌 접속시키는 것을 주 임무로 한다. 따라서 여기서는 일본어 접속사와 한국어 부사의 하위분류의 하나인 접속부사를 중심으로 살펴보도록 하겠다.

참고로 다음 표는 한일 양언어의 부사의 특징을 정리한 것이다.

일본어 부사	한국어 부사
① 독립어(자립어)로서 활용이 없다. ② 주로 용언(동사, 형용사, 형용동사)을 수식한다. (때로는 명사나 부사를 수식한다.) ③ 단독으로 술어가 될 수 없다.	① 불변어로서 활용이 없다. ② 격조사(이/가, 을/를, 와/과, 에, 으로 등)는 결합하지 못하지만, 보조사(만, 도)를 붙이기도 한다. 　ex) 꽃이 <u>아주를</u> 예쁘다. (×) 　　　그녀는 <u>매우에</u> 친절하다. (×) 　　　정치 <u>및과</u> 경제 (×) ③ 주로 용언(동사, 형용사)을 수식한다. (때로는 명사나 부사를 수식한다.) ④ 단독으로 술어가 될 수 없다.

1-1. 일본어 접속사의 정의

① 단어와 단어를 연결한다.

〈예〉·国語<u>または</u>漢文のどちらかを選びなさい。

　　　·京都<u>および</u>奈良を見物する。

　　　·政治、経済<u>および</u>社会

② 대등한 관계의 문절이나 수식되는 절(節)과 수식하는 절을 연결한다.

〈예〉・山も青く、<u>かつ</u>海も青い。

・体が健康で、<u>しかも</u>心も健全だ。

・含みの多い、<u>しかし</u>、なるべくわかりやすい言葉で記述する。

・山は高く、<u>また</u>、谷は深い。

・ぼくも行きますから、<u>なお</u>君も行ってください。

・山は高かったが、<u>しかし</u>木は少なかった。

・遅刻はしたが、<u>しかし</u>、欠席はしなかった。

・行くか<u>それ</u>とも帰るか、早く決めなさい。

③ 문장과 문장을 연결한다.

〈예〉・明日は遠足ですか。<u>それとも</u>登山ですか。

・明日は遠足です。<u>ですから</u>今日は早く寝なさい。

・この部屋は南向きだ。<u>したがって</u>、日当たりがよい。

・明日は遠足です。<u>さて</u>天気のほうはどうでしょうか。

・明日は運動会です。<u>ただし</u>、雨天の場合は中止します。

1-2. 한국어 접속부사의 정의

① 단어와 단어를 연결한다.

〈예〉・정치, 경제 <u>및</u> 문화

・연필 <u>또는</u> 공책을 사야 한다.

② 구와 구, 문절과 문절을 연결한다.

〈예〉・몸이 건강하고 <u>게다가</u> 마음도 건전하다.

・산도 푸르고, 바다 또한 푸르다. (또 바다도 푸르다)

・갈 건지 아니면 돌아갈 건지, 빨리 결정해라.

③ 문장과 문장을 연결한다.

〈예〉・내일 모임장소는 공원입니까, 아니면 운동장입니까?

・내일은 정기모임입니다. 그래서 내일은 아침 일찍 일어나야 합니다.

・이 방은 남향입니다. 따라서 볕이 아주 잘 듭니다.

1-3. 한일 양언어의 대조

일본어의 접속사와 한국어의 접속부사는 활용이 없이 단어, 절, 문장을 연결한다는 점에서 그 성질과 용법 면에서 거의 유사하다. 그러나 품사의 분류에서는 일본어의 접속사와 달리 한국어의 접속부사는 부사의 하위분류에 속해 있기 때문에 접속부사이면서 부사의 성질을 가지는 단어가 많다. 즉, 일본어 접속사는 혼동하기 쉬운 품사로서 부사를 따로 구분해야 하는 반면, 한국어 접속부사의 경우는 부사의 역할과 접속사의 역할도 겸한다.

일본어의 접속사와 한국어의 접속부사의 특성을 다시 정리하면 다음의 표와 같다.

일본어 접속사	한국어 접속부사
① 독립어(자립어)이다.	① 불변어이며, 부사 속 문장부사에 속한다.
② 활용이 없다. (어미가 변화하지 않는다.)	② 활용이 없다. (어미가 변화하지 않는다.)
③ 주어, 술어, 수식어가 될 수 없다.	③ 뒤에 오는 문장의 문두에 위치하여 문장을 이끈다.
④ 문장과 문장, 문절과 문절, 단어와 단어를 연결한다.	④ 문장과 문장, 문절과 문절, 단어와 단어를 연결한다.

2 접속사의 분류

2-1. 일본어 접속사의 분류

분류	종류	예
병렬 열거	および、並びに、また (동격의 단어나 문절을 이어 주는 것, 단어나 문절을 앞뒤 로 바꾸어도 의미 차이 없음)	• 字を書き、<u>また</u>本を読む。勉強もするし、<u>また</u>運動もする。 • 英語<u>並びに</u>数学を勉強する。 • 枕草子<u>および</u>徒然草は古典の二代随筆である。
첨가	なお、それに、そうして、 しかも、そのうえ、 それから、おまけに (동격의 나열이 아닌 앞 문장 에 뒤 문장 추가, 앞뒤 바꿀 수 없음)	• 雨もひどかったが、<u>そのうえ</u>風もひどかった。 • 9時からです。<u>なお</u>、遅れないように気をつけてください。 • いつも6時に夕飯を食べます。<u>それから</u>散歩に出かけます。 • このアパートは電話、カーテン、<u>それに</u>テレビまで付いている。 • このりんごは値段も安く、<u>おまけに</u>とてもおいしい。
선택	または、あるいは、 それとも、もしくは	• 電話<u>または</u>メールでお知らせします。 • ここまではタクシー<u>もしくは</u>地下鉄が便利です。 • ご飯がいいですか、<u>それとも</u>パンのほうがいいですか。 • 山に行く人もいれば<u>あるいは</u>海に行く人もいる。
결과 조건	(순접) それで、では、そこで、 で、だから、すると、 それなら、そうすると、 (それ)ゆえに	• 彼は体が弱い。<u>それで</u>よく欠席する。 •「もう6時ですね。」「<u>では</u>、そろそろ出かけましょう。」 • 夕べはとても疲れていた。<u>そこで</u>何もせずに寝てしまった。 • あの人は日本人です。<u>で</u>、韓国語が話せないのです。 • 明日は日曜日だ。<u>だから</u>、ゆっくり起きてもいいだろう。 • 上の子が泣き出しました。<u>すると</u>下の子もいっしょに泣き出すん です。

		・「この前、貸した本、もう読み終わってますか。」 「すみません、まだ読んでるんですけど。」 <u>それなら</u>、いいです。」 ・我思う。<u>ゆえに</u>我在り。
	(역접) しかし、でも、だが、が、 けれども、それなのに、 それでも	・彼は頭がいい。<u>しかし</u>、一向に勉強しない。 ・何度も手紙を出してみた。<u>でも</u>、返事は来なかった。 ・春が来た。<u>だが</u>、まだ風は冷たい。 ・電気がついている教室に入りました。<u>が</u>、だれもいませんでした。 ・今日は休みだ。<u>けれども</u>、急用で会社へ行かなければならない。 ・勝つため、猛練習の毎日だった。<u>それなのに</u>負けた。 ・先生になんども説明してもらった。<u>それでも</u>なかなか理解できず、 困っている。
전환	さて、では、ところで	・<u>さて</u>、次に私の生活について~ ・<u>では</u>、はじめましょう。 ・娘さんが大学に合格なさったとか。おめでとうございます。 <u>ところで</u>、ご主人の転勤の話はどうなりましたか。

2-2. 한국어 접속부사의 분류

한국어의 접속부사에는 단어접속과 문장접속이 있다. 단어접속이란 말 그대로 절과 절, 단어와 단어를 연결해 주는 것이고, 문장접속은 문장과 문장을 연결해 주는 부사 이다.

접속부사를 분류할 때 「그」, 「하」, 기타계열로 구분해 분류하는 경우도 있으나, 여기서는 일본어와 같이 의미유형에 따라 분류하기로 한다.

분류	종류		예
단어 접속	또한, 또는, 및, 곧, 즉, 그리고, 혹은…		❖ 단어 + 단어 ▪ 정치, 경제 및 문화 ▪ 글의 요지 및 주제를 알아보자. ▪ 연필 또는 공책을 사야 한다. ▪ 그는 노래하고 그러면서 춤춘다. ▪ 철수 그리고 영희. ▪ 빨리 그리고 높이 뛰어라. (부사 + 부사) ❖ 구(句) + 구(句) ▪ 그 산은 숲이 울창한 그리고 경치도 좋은 산이다. 　현실을 파악하고 비판하며 또한 삶이 지향하는 방향을 모색 　한다.
문장 접속	순접	(원인) 왜냐하면…	▪ 나는 A랑 함께 가기로 했다. 　왜냐하면 A는 길을 하나도 모르기 때문이다.
		(결과) 그러므로, 그러니까, 따라서…	▪ 원유 값이 많이 올랐다. 　따라서 국내 기름 값도 조만간 오를 것이다. ▪ 직접 해 보지 않으면 실제로 어떤지 모르는 거 아니냐. 　그러니까 한번 해 보자는 것이다. ▪ 인간은 말을 한다. 그러므로 동물과 구별된다.
		(해설) 그러면, 그래서, 이른바…	▪ 어제는 많이 아팠어요. 그래서 결석했어요. ▪ 마산 10경이라 하면, 이른바 마산에서 가 볼만한 명소 10곳을 　의미한다. ▪ 두드려라. 그러면 열릴 것이다.(=앞 내용이 뒤 내용의 조건)
	역접	그러나, 그래도, 하지만, 그렇지만…	▪ 철수는 공부를 열심히 했다. 그러나 시험에 떨어졌다. ▪ 그가 오기를 간절히 기다렸다. 하지만 그는 오지 않았다. ▪ 그 말을 듣고 너무나 분했다. 하지만 일단 참기로 했다.

문장 접속			
			▪ 솔직히 썩 내키지는 않는다. <u>그렇지만</u> 나로서는 안 갈 수 없다. ▪ 그는 장애를 가지고 있다. <u>그래도</u> 그녀는 그를 사랑했다.
	전환	(앞 문장과 다른 내용 연결) 그런데, 아무튼, 한편, 그러면, 다음으로…	▪ 철수는 영희를 만났다. <u>그런데</u> 그 자리에서 옛 애인을 만났다. ▪ 엄마는 안 된다고 말씀하신다. <u>아무튼</u> 나는 해 볼 생각이다. ▪ 그는 유명한 등산가이다. <u>한편</u> 동생은 유명한 소설가이다. ▪ 네가 먼저 이 택시를 타라. <u>그러면</u> 나는 다음 차를 타고 가겠다. ▪ 제 1안건은 이것으로 마치도록 하겠습니다. <u>다음으로</u> 제 2안건에 대한 논의로 넘어가겠습니다.
	요약	(앞 내용을 바꿔 말 하거나 간추려 짧게 요약) 요컨대, 즉, 결국, 다 시 말하자면…	▪ 이 방은 나만 들어갈 수 있다. <u>요컨대</u>, 아무도 절대로 들어가서 는 안 된다는 것이다. ▪ 「일본어 문법론」이 올해 제일 많이 팔린 책이다. <u>즉</u>, 올해의 베스트셀러란 뜻이다. (=다른 것이 아니라, 다시 말해) ▪ 그는 주위의 충고를 귓등으로도 듣지 않았다. <u>결국</u> 그는 실패하고 말았다.
	첨가	(앞 문장과 다른 내용 첨가) 또, 또한, 특히, 게다가, 아울러, 더구나, 그뿐 아니라, 그리고 (뿐만 아니 라)…	▪ 철수는 영어 책을 샀다. <u>또</u> 국어 책도 샀다. ▪ 그녀는 마음도 착하고 <u>또한</u> 건강하다. (=게다가) ▪ 나는 이탈리아 요리는 다 좋아한다. <u>특히</u> ○○○○을 제일 좋아 한다. ▪ 우리 집에는 개가 다섯 마리, 고양이가 3마리 있다. <u>게다가</u> 애완용 돼지도 2마리 있다. ▪ 그는 성질이 난폭하다. <u>그뿐만 아니라</u> 욕심도 많아서 모두가 싫어한다. ▪ 시장에서 두부하고 계란 좀 사오너라. <u>그리고</u> 파도 사 와라. ▪ 기침이 나고 열도 난다. <u>더구나</u> 배도 아파서 죽을 지경이다.

문장 접속	인과	(앞 문장이 뒤 문장에 대한 원인, 이유) 그러므로, 그래서, 왜냐하면, 그러니까, 따라서…	• 철수는 열심히 공부한다. <u>그러므로</u> 대학 입학시험에 합격할 것이다. • 쇼핑가는 길에 지갑을 두고 온 걸 알았다. <u>그래서</u> 다시 집으로 돌아가야 했다. • 나는 가고 싶지 않다. <u>왜냐하면</u> 그와 마주치기 싫어서이다. • 상품은 3등까지이다. <u>따라서</u> 4등인 당신은 상품이 없다.
	대등 병렬	그리고, 또한, 또는, 혹은, 및…	• 철수는 집으로 갔다. <u>그리고</u> 영이는 학교로 갔다. • 문학에는 시, 소설, 수필 및 희곡이 있다. • 주위 환경이 좋으면 마을 살림살이 <u>또한</u> 풍족할 것이다. (=어떤 것을 전제로 그와 같게)

2-3. 한일 양언어의 대조

일본어와 한국어의 접속사는 의미유형에 따라 다음과 같은 분류의 차이점을 보인다.

첫째, 한국어의 접속사는 단어접속과 문장접속에 따라 분류된다. 그러나 문장접속의 경우에도 단어에 접속하는 것이 있다.

둘째, 접속사의 유형분류에서 일본어에는 선택이, 한국어에는 요약의 서로 다른 부분이 있다. 각각의 유형에 속한 몇몇 접속사들을 살펴보면, 일본어의 접속사 중 선택의 의미용법은 한국어의 대등·병렬 혹은 단어접속의 접속사와 대응하고, 한국어의 접속사 중 요약의 의미용법은 일본어의 합성접속사와 대응하고 있음을 알 수 있다.

셋째, 한일 양언어의 접속사에서 일본어는 화제전환의 접속사가 많은 데 비해, 이에 대응하는 한국어는 부사와 복합접속사가 담당하고 있음을 알 수 있다.

넷째, 한국어의 접속부사는 그 의미용법이 부사의 하위분류에 속해 있기 때문에 이에 대응하는 일본어의 경우도 부사 역할을 하는 접속사를 많이 볼 수 있다.

다섯째, 한국어의 단어접속부사는 구어체(口語体)보다 문장체(文章体)에 많이 쓰인다. (또는, 및, 혹은…)

여섯째, 한국어의 단어접속부사의 '또는, 및'은 접속조사인 '이나/나, 과/와'의 기능과 비슷하다.

〈예〉・사과 <u>및</u> 과자를 사 왔다. → 사과<u>와</u> 과자를 사 왔다.
　　 ・연필 <u>또는</u> 펜으로 쓰세요. → 연필<u>이나</u> 펜으로 쓰세요.

일곱째, 한국어의 단어접속부사는 부사어(副詞語)에 속하지만 문장접속부사는 독립어(独立語)에 속한다.

3　접속사와 혼동하기 쉬운 것들

접속사와 혼동되기 쉬운 것이란, 접속사와 그 형태는 동일하지만 품사상 다른 의미 용법으로 쓰이는 것들을 의미한다. 이와 같은 것들에는 접속사와 혼동되는 접속조사, 부사, 두 품사가 합성된 것 등이 있는데, "독립해서 문절을 이루어서 앞의 말과 떨어져 있는가" "문장 앞(문두)에 사용되고 있는가"에 따라 판별할 수 있다.

3-1. 일본어 접속사와 혼동하기 쉬운 것

① 조사(접속조사) : '조사(접속조사)'는 접속사와 달리 항상 다른 단어에 붙어서 문장 뒤에 온다.

조사(접속조사)	접속사
彼は来る<u>けれども</u>彼女は来ない。	彼は来る。<u>けれども</u>彼女は来ない。
風は吹かない<u>が</u>寒い。	風は吹く。<u>が</u>、寒くない。
ねこは暗いところ<u>でも</u>目が見える。	今日は日曜日だ。<u>でも</u>私はどこでも行かない。 　　　　　　　　（＝それでも、しかし）
こんなところ<u>では</u>勉強ができない。	もう6時です。<u>では</u>そろそろ起きましょう。 　　　　　　　　（＝それでは）
紙<u>で</u>ノートを作る。	今朝は朝寝坊した。<u>で</u>、ご飯も食べずに学校へ行った。 　　　　　　　　（＝それで）

② 부사 : '부사'는 위치를 바꾸어도 의미가 통하지만 접속사는 위치가 바뀌면 접속의 기능을 못한다.

예를 들어 부사 「また」는 「彼は入試に失敗しまたがっかりしている。」의 경우, 앞 문장의 「また」를 「彼はまた入試に失敗し, がっかりしている。」와 같이 바꿔도 "그는 또 입시에 실패해서 풀이 죽어 있다."라는 의미와 차이가 없지만, 접속사 「また」는 「彼は入試に失敗し、また健康も失った。」라는 문장에서는 「また」의 위치를 바꾸어 「彼はまた入試に失敗し、健康も失った。」처럼 사용하게 되면 "그는 입시에 실패하고, 게다가 건강도 잃었다."는 의미가 "그는 또 다시(재차) 입시에 실패하고, 건강도 잃었다."는 의미가 되어 버린다.

부사	접속사
彼は入試に失敗し<u>また</u>がっかりしている。 　　　　　　　（재차, 또다시）	彼は入試に失敗し、<u>また</u>健康も失った。 　　　　　　　（＝そのうえ） 　　　　　　　（첨가 : 실패＋건강을 잃음）
私は<u>あるいは</u>会社に就職するかも知れません。 　　　　　　　（＝もしかすると : 어쩌면）	私<u>あるいは</u>弟は会社に就職するかも知れません。 　　　　　　　（＝または・もしくは） 　　　　　　　（열거 : 나＋동생）
<u>なお</u>よく探してみます。（한층, 더욱）	会場は講堂です。<u>なお</u>開会は9時です。（부언）

③ 동사 + 조사 : '동사 + 조사'는 접속사와 달리 항상 다른 단어에 접속하여 문장 뒤에 온다.

동사 + 조사	접속사
そんな話をすると人が笑うよ。	夜が明けた。すると一行は出発した。 (＝そうすると : 그러자)
彼の言うことにしたがって行動する。	彼は努力家だ。したがって成績もいい。 (＝それゆえ : 그 결과, 그러므로, 따라서)

④ 명사 + 조사 : '명사 + 조사'의 합성으로 만들어진 접속사는 문장의 처음에 와도 접속사가 되지 않는 경우가 있으므로 의미용법으로 판별해야 한다.

명사 + 조사	접속사
空港についた。そこ で昼食をとった。 (空港 + 에서)	やっと雨が止んだ。そこで出発することにした。 (그래서 : 앞에 말 받아서)
ノートを開いた。それ に素早く字を書いた。 (ノート + 에)	日が暮れてきた。それに雨が降ってきた。 (게다가)
財布を拾った。それ から千円札が5枚出てきた。 (財布 + 에서)	まず、博物館へいこう。それから動物園へいくことにしよう。　　　(그 다음에, 또)

3-2. 한국어 접속부사와 혼동하기 쉬운 것

① 접속조사 : '접속조사'는 접속부사와 달리 단어와 단어를 연결하며 문두(文頭)에 오지 않는다.

접속조사	접속부사
닭과 오리를 기릅니다. 철수와 영호는 학생이다. 이것은 빵이고, 저것은 떡이다. * 서술격 조사 + 조사 : 부모님이 하시는 말이므로 따라야 한다.	닭을 기릅니다. <u>그리고</u> 오리도 기릅니다. 이것은 빵이다. <u>그리고</u> 저것은 떡이다. 부모님이 하시는 말이다. <u>그러므로</u> 따라야 한다.

② 부사 : 한국어에서의 접속부사는 품사상 부사에 포함되므로 두 가지를 분리해 비교할 수 없다.

문두에 위치하며 문장을 연결한다는 접속부사로서의 특징을 가질 뿐이다.

부사		그는 입시에 실패해 <u>또</u> 침울해 있다. 나는 <u>어쩌면</u> 회사에 취직할지도 모릅니다. <u>더욱(오히려)</u> 잘 찾아보겠습니다.
	접속부사	그는 입시에 실패하고, <u>또</u> 건강도 잃었다. (첨가) 회장은 강당입니다. <u>또한</u> 개회는 9시입니다. (부언) 저번엔 신세 많이 졌습니다. <u>더욱이</u> 좋은 선물까지 받아서…

③ 동사 + 조사 : '동사 + 조사'는 언제나 다른 단어에 부속해 문장 뒤에 온다.

동사 + 조사	접속부사
내가 말을 <u>하자</u> 모두들 웃기 시작했다. 날이 <u>밝자</u> 떠나는 이들이 있었다. 아침에 늦잠을 <u>자서</u> 아침밥을 못 먹었다.	날이 밝았다. <u>그러자</u> 일행은 출발했다. 그는 노력가다. <u>그러므로(그 결과)</u> 성적도 좋다. 아침에 늦잠을 잤다. <u>그래서</u> 아침밥을 못 먹었습니다.

④ 명사 + 조사 : 접속부사와 '명사 + 조사'의 구별법은 연결된 뒤 문장 문두에 위치하지만 명사와 조사로 분리 가능하다는 점이 다르다.

명사 + 조사	접속부사
공항에 도착했다. <u>거기에서</u> 점심을 먹었다. 노트를 펼쳤다. <u>거기에</u> 재빨리 글을 적었다. 지갑을 주웠다. <u>거기에서</u> 천원짜리 5장이 나왔다.	비가 겨우 그쳤다. <u>그래서</u> 출발하기로 했다. 날이 저물었다. <u>게다가</u> 비가 내리기 시작했다. 우선 박물관에 가자. <u>그 다음에</u> 동물원에 가기로 하자.

3-3. 한일 양언어의 대조

일본어의 접속사는 접속조사, 부사, 두 품사가 합성된 것 이외에도 관용적으로 굳어져 쓰이는 것이 많아 혼동하기 쉬운 것들이 많지만, 한국어의 경우는 접속부사가 처음부터 별도의 품사의 위치를 가지지 못하고 부사라는 품사의 하위분류에 속해 있으므로 일본어의 경우와는 다르다고 할 수 있다. 그러나 전혀 구분할 수 없는 것은 아니며, 앞서 살펴본 바대로 문두에서 사용되고 있는지, 또는 앞 말과 떨어져 독립해서 문절을 이루느냐에 따라 구분될 수 있다고 본다. 그리고 한국어의 접속부사는 처음부터 부사 안에 속해 있기 때문에 부사와 구분해 비교할 것이 아니라 부사안의 한 부분으로서 그 나름의 특징을 살펴보아야 할 것이다.

4 합성접속사

4-1. 일본어의 합성접속사

일본어 접속사 중에는 부사나 조사 등 다른 품사들이 합성해서 접속사 역할을 하는 것들이 많이 있다. 예를 들어 「そうですが」의 경우 「そう + です + が」(부사 + 조동사 + 조사)처럼 원래는 세 단어로 이루어져 있었고 서술어로 사용되었던 것이 한 덩어리로 고정되어 독립적으로 사용됨으로써 접속사가 된 것이다.

① 명사 + 조사

〈예〉・ところ + が：昨日デパートへ行きました。ところがデパートは休みでした。
　　　・それ + なら：この本は今読んでいます。それなら、あの本を貸してください。
　　　・それ + から：デパートで買い物をし、それから映画を見て家へ帰った。
　　　・そこ + で：わからなくて困った。そこで先生に訪ねた。
　　　・ゆえ + に：外国人であるがゆえにそんなあつかいを受けるのは残念である。
　　　・ため + に：補給路を断たれた。ために降服した。

② 동사 + 조사

〈예〉・したがう + で：これはたいへんよい品物です。したがって値段も高いです。
　　　・する + と：上の子が泣きました。すると下の子も泣き出しました。
　　　・ならぶ + に：小学校、ならびに中学校を義務教育とする。
　　　　（＝および、かつ、また）
　　　・つく + は：近く発行します。ついてはご推薦の辞をいただきたく…
　　　　：つまり、つづいて 等

③ 부사 + 조사

〈예〉・また + は：あしたは雨か、または雪でしょう。

・もっと＋も：僕は先に帰る。<u>もっとも</u>君が映画をおごってくれれば話は別だが。(＝ただし)

　　　：すなわち、もっとも、ただし、なお、さらに、かつ 等

④ 조동사 + 조사

〈예〉・だ＋が：これは品物がたしかにいい。<u>だが</u>、あまり値段が高すぎる。

　　・だ＋から：彼は嘘をつく。<u>だから</u>信用できない。

　　・です＋から：「それですから」의 준말 (「だから」의 공손한 말씨)

⑤ 조사 + 조사

〈예〉・けれど＋も：たくさん食べました。<u>けれども</u>、もっと食べたいです。

　　　(「けれど」의 격식차린 말)

　　・で＋も：夕べは頭が痛くて早く寝てしまった。<u>でも</u>宿題はやった。

　　・で＋は：あの人の奥さんは日本人なんですよ。<u>では</u>、あの人、日本語が上手なんだね。

⑥ 부사 + 조동사 + 조사

〈예〉・そう＋だ＋が：私が断ったら、あの人は怒るかも知れない。<u>そうだが</u>、私はぜったいイヤだ。

⑦ 부사 + 동사 + 조사

〈예〉・そう＋する＋と：扉が開いた。<u>そうすると</u>、中年の男が中から現れた。

　　　(＝すると)

　　・そう＋した＋ら：(＝そしたら、すると：그랬더니, 그렇게 한즉)

⑧ 구(句)의 형태를 취하는 것

〈예〉・このようにして、これに対して、言い換えれば、いずれにしても、というのが、なぜかというと、なぜなら、それはそうとして、言ってみれば

4-2. 한국어의 복합부사

한국어의 경우는 접속사가 독립된 품사가 아닌 부사의 하위분류의 하나인 접속부사(接續副詞)에 속하기 때문에 한국어에서는 일본어와 같은 합성접속사란 말은 찾을 수 없다. 따라서 한국어의 경우 복합접속사 대신 이에 대응하는 복합부사(複合副詞)를 살펴봄으로써 그 하위분류에 속하는 접속사의 합성법에 대한 대강을 알아보고자 한다.

① 명사 + 명사

〈예〉·인수는 요즈음 밤낮 문학 서적을 탐독하고 있다. (=늘, 밤낮 가리지 않고)

② 관형사 + 명사

〈예〉·오늘은 온종일 공부만 했다.
· 그냥 웃지요.
· 달력상으로는 벌써 '小雪'이라는데 그다지 춥지 않다.

③ 부사 + 부사

〈예〉·그는 곧잘 남을 웃기곤 했다.
· 그는 가진 돈을 죄다 걸인에게 주었다.

④ 관형사 + 의존명사

〈예〉·이른바, 이를테면

⑤ 관형사 + 대명사

· 가을이 되니 길거리 여기저기에 낙엽이 떨어져 있었다.

4-3. 한일 양언어의 대조

일본어 접속사에는 원래부터 접속사였던 것보다 다른 품사와 합성하여 만들어진 합성접속사나 혹은 고정적으로 굳어져서 독립적으로 사용되는 접속사들이 많음을 알 수 있다. 그러나 한국어에는 일본어의 합성접속사란 말은 찾을 수 없지만 이에 대응하는 복합부사의 속성을 살펴보았다. 그에 따라 한국어의 부사의 하위분류에 속하는 접속부사는 단어와 단어, 절과 절, 문장과 문장을 연결해주는 접속 기능을 가지므로 합성과 파생에 의한 부사 중에는 드문 편에 속함을 알 수 있었다.

❖ (참조) 한국어의 부사

부사	
성분부사(成分副詞) (문장의 어느 한 성분을 꾸미는 부사)	문장부사(文章副詞) (뒤에 오는 문장 전체를 꾸미는 부사)
성상부사(性状副詞) (상태나 정도를 나타내며 '어떻게'라는 방식으로 용언을 꾸미는 부사) : 펄쩍, 갑자기, 천천히, 조용히, 바로, 많이…(상태) 매우, 퍽, 아주, 거의, 조금, 너무, 꽤, 약간, 잘…(정도) 의성부사/의태부사(擬声副詞/ 擬態副詞) (소리와 모양을 흉내내는 부사) : 철썩철썩, 나풀나풀…	양태부사(樣態副詞) (말하는 이의 태도를 표시하는 부사) 일반적으로 문장 첫 머리에 위치하나 비교적 자리 옮김이 자유로움. 〈예〉 다행히 다친 사람은 없었다. 　　　→ 다친 사람은 다행히 없었다. : (단정/ 필연) 과연, 물론, 단연코, 꼭, 기필코… (의혹/ 반의) 하물며, 설마, 만일, 왜, 어찌… (명령/ 희망) 제발, 부디, 아무쪼록… (강조/ 역설) 진실로, 마땅히, 확실히, 응당, 정말… (비유/ 비교) 흡사, 마치, 틀림없이… (부정) 결코, 조금도, 털끝만큼도… (추측) 아마, 글쎄… (가정) 만약, 가령, 아무리, 설사…

지시부사(指示副詞)

(특정 대상을 가리키는 부사)

: 이리, 그리, 저리, 여기…

　오늘, 내일…

　어찌, 아무리, 어디, 언제…

부정부사(否定副詞)

(부정의 뜻을 지닌 부사)

: 안, 못

접속부사(接続副詞)

(앞말과 뒷말 혹은 문장과 문장을 이어주는 부사

두 문장을 연결하면서 뒤 문장을 수식하는 부사)

① 단어접속부사 : 또는, 및, 곧, 즉, 그리고, 혹은…

② 문장접속부사 : (순접) 왜냐하면…/ 그러므로,

　　　　　　　　　그러니까, 따라서…/ 그러면,

　　　　　　　　　그래서, 이른바, 요컨대…

　(역접) 그러나, 그래도, 하지만, 그렇지만…

　(병렬) 그리고, 또한, 또는, 한편…

　(첨가) 더욱이, 더욱, 특히…

　(전환) 그런데, 아무튼…

08

감동사

1-1. 일본어 감동사의 정의

일본어의 감동사는 화자의 기분을 나타내거나 호소, 응답, 인사, 감탄, 구령, 소리 등을 나타내는 말로서 독립어문이 되거나 혹은 문 안에서 그러한 의미를 나타내는 독립어가 되는 단어이다. 따라서 감동사가 모두 감동을 나타내는 것은 아니다. 응답이나 인사를 나타내는 경우처럼 감동사의 대부분은 감동적인 의미와는 관계가 없다. 감동사란 감탄을 나타내는 경우를 가장 전형적인 의미로 보아 이름을 붙인 것이다.

(1) 독립어로서의 기능을 가진다

문장의 다른 부분과 직접 연결되지 않는 부분의 말을 독립어라고 한다. 감동사는 독립어가 되는 것을 기본 기능으로 하는 품사이다.

〈예〉 <u>アッ</u>、なにをする！無礼な！

그리고 감동사는 문장의 다른 부분과 결합하지 않을 뿐만 아니라, 문장 전체와도 결합하지 않고 주로 문장의 첫머리에 온다. 또한 감동사는 독립어로서 문장의 일부분을 이룰 뿐만 아니라, 감동사 한 단어만으로 독립적인 문장을 만들 수도 있다.

〈예〉・必ずくるか。-------------------- はい。
　　　・君のほうが悪い。--------------- なに。
　　　・だれがしたんだ、おまえか。------ いいえ。

(2) 감동사의 자연성과 언어성

감동사는 다음과 같은 점에서 자연발생적인 것이다.

첫째, 감동사 중에서 가장 자연 발생적인 것은 감탄을 나타내는 경우이다. 이들 단어는 놀라움, 기쁨 등의 감정을 그대로 표출하는 것이기 때문에 언어 간의 공통성이 높다.(예, 「ああ」 등)

둘째, 호소나 응답의 감동사도 간단한 몸짓에 작은 발성이 첨가되는 것으로 짧은 단어로 이루었다는 점에서 여러 언어에 있어 공통적이다.(예, 「はい」 등)

셋째, 호소의 감동사 중에서는 멀리 있는 상대를 부르기 위한 것이 있는데, 이는 소리의 크기와 길이가 요구되기 때문에 입을 크게 벌리는 모음이 말의 중심을 이룬다. (예, 「おうい」 등)

넷째, 자연의 소리를 나타내는 단어는 한 단어로 문장을 이루는 경우가 있는데, 이 또한 감동사에 포함된다. 이 경우 자연의 소리를 반영하므로, 자연성이 강하고 모든 언어 간의 공통성도 높다.(예, 「ワンソワン」 등)

(3) 감동사와 정중

감동사 중에는 상대의 존재가 전제로 되어 있는 것과 그렇지 않은 것이 있다. 감탄의 의미를 나타내는 감동사 등과 같이 표출적인 기능으로 사용되거나 상대방에 대한 의식 없이 쓰는 경우도 적지 않지만, 호소나 응답의 감동사는 상대방 없이는 사용할 수 없다.

용언의 술어 형식에는 상대에 대해 보통체(普通体)와 정중체(鄭重体)의 대립이 있는데, 상대의 존재를 전제로 하는 감동사의 경우에도 이에 상당하는 범주가 있다. 「はい」, 「いいえ」와 달리 「うん」이나 「いや」는 윗사람에 대해서는 사용하지 않는다. 「さようなら」는 상당히 넓은 범위에 걸쳐 사용이 가능한 데 비해, 「ばいばい」는 매우 친한 사람에게만 사용할 수 있다.

술어형식의 경우는 「読む ─ 読みます」, 「休日だった ─ 休日でした」와 같이, 동

일한 단어가 어형변화에 따라 보통체와 정중체로 대립하는 형태론적인 범주 그대로를 가지고 있는데, 감동사인 경우 「おはよう -- おはようございます」, 「あの -- あのですね」와 같은 인사말이나 간투사의 일부에서만 볼 수 있다.

(4) 응답 감동사

감동사는 일반적으로 서법적(敍法的)인 측면과 내용적인 측면의 분화가 이루어져 있지 않다. 예를 들면, 「おい」는 상대방을 부르는 것이지만, 「こちらへ来い」, 「待って」라는 의미인지, 무엇을 부르고 있는 것인지가 분명히 드러나고 있지 않다. 그러나 대답을 하는 경우는 서법적 측면에서 독립된 내용적 측면을 가지고 있다. 그 내용은 서술 방식에 의해 정해진다. 예를 들면 「はい」라는 대답은, 다음의 예문에서 보이는 것처럼 의문사가 있는 질문에 대한 대답일 경우에는 긍정이라는 의미가 되고, 동작을 요구하는 것에 대한 대답일 경우에는 승낙이 된다.

〈예〉・いま雨が降っていますか。--------------- <u>はい</u>。
　　　・そんなら、この傘を持っていきなさい。--- <u>はい</u>。

그리고 「はい」라는 대답이 다음의 예문에서 보이는 것처럼 상대방을 부르거나 의문사가 있는 의문문에 대한 대답인 경우에는 단순한 대답이 된다.

〈예〉・田中君。--------------- <u>はい</u>。
　　　・そこにいるのは誰だ。--- <u>はい</u>、田中です。

즉 「はい」, 「いいえ」라는 한 단어로 된 문에서 내용적 측면이 성립하는 것은 이것이 대답을 하는 문장이고, 질문이나 동작의 요구가 대답에서 나타내야 할 내용을 한정하기 때문이다. 응답 감동사는 내용적 측면이 분화되어 있다는 점이 다른 감동사와 다르기 때문에, '응답사(応答詞)'라는 독립된 품사로 다른 감동사와 분리시켜 다루기도 한다.

(5) 동작의 요구와 관련된 감동사

권유 감동사는 호소 감동사와 비슷하지만, 상대방에게 무엇인가를 하도록 하고 싶다는 내용이 분명하다는 점에서 서로 다르다. 그러나 활용어형(活用語形)이 아니라는 점에서 동사의 명령형과는 차이가 있다. 아기에 대한 「めっ」라든지, 동물에 대한 「ハイ」「どう」「チンチン」「オテ」 등은 상대방이 언어를 갖지 않은 점과 「シイッ」「ごめん」 등은 긴급을 요하는 점에서 그 말의 발생이나 사용과 관련이 있다.

권유 감동사는 내용적인 측면과 서법적인 측면을 분화시키고 있는 점에서 응답 감동사와 비슷하지만, 응답 감동사가 독자적인 성격이 강한 데 비해, 권유 감동사는 명령형의 대용이라는 점에서 그 독자성이 약하고 중간적이다. 또 「こら」 등은 분화의 정도가 약하여, 호소 감동사와의 중간 정도로 볼 수 있다.

(6) 인사 감동사

인사 감동사는 대개 다른 단어에서 전성된 것이다. 본래 단어의 어근(語根)을 가지고 있는 것이 많기 때문에 보통 어떤 단어에서 온 것인지 바로 알 수 있다. 그러나 전성 후에는 의미, 기능, 형태가 달라진다.

〈예〉「こんばんは」→「こんばんはよい晩です。」
　　　　　　「こんばんは月がきれいです。」

그리고 인사라는 것은 내용에 따라 정보를 전달하는 것을 목적으로 하는 것은 아니다. 「おはよう」라고 말함으로써 같은 집단 내의 동료라는 기분이 서로 통하면 되는 것이다. 계절인사에서도 「おさむうございます。」라고 인사를 서로 주고받는 것이 중

요한 것이지 상대방이 어느 정도의 추위를 느끼고 있는지는 중요하지 않다. 이와 같이 인사란 대부분 내용적으로는 거의 무의미한 것이다.

(7) 일본어의 감동사에는 문어(文語)와 구어(口語), 여성어와 남성어의 구별이 있다.

분류		표현방법
문어와 구어가 같은 것		ああ、やあ、ええ、ああら
구어만인 것	남녀 공용	おや、おやおや、わ、えっ、やっ、な、なあ、あれ、ね、ねえ、なるほど、もし、もしもし、あの、あのねえ
	남성어	うん、なに、やれ、おい、やあい、こら、いいや、さ
	여성어	あら、まあ、あらまあ

1-2. 한국어 감탄사의 정의

한국어에는 일본어의 감동사와 대응하는 감탄사(느낌씨)가 있다. 한국의 감탄사는 의성어나 의태어로 된 것들이 대부분이다. 우리의 감성을 직접 드러내는 상징어가 감탄사에 많다. 즉 기쁨, 놀라움, 아쉬움 따위 느낌을 표상하는 소리나 모양으로 표출하는 것들이 대개 감탄사에 포함된다.

감탄사는 조사나 그 밖의 문법 요소와 결합하지 않고 쓰인다. 또 그것은 문장의 주어나 서술어의 기능을 드러내지 않는다. 느낌표만을 수반하여 단독으로 쓰이기도 하고 자유 부사어처럼 문장의 첫머리에 놓이기도 한다. 후자와 같이 쓰일 때에도 뒤따르는 문장이나 절과 구문론적인 관계를 맺지 않는다. 그 문장 전체와 관련된 의미를 드러내기는 하나 한 구문론적 성분의 구실을 하지 않는다. 환경에 따라 여러 가지 의미로 쓰이기도 하고 지위의 높고 낮음에 따른 구별이 엄격하다.

(1) 감탄사는 문장 앞에서 독립된 자격을 가진다.

〈예〉· <u>앗차</u>, 그걸 잊었군.

· <u>아</u>, 날이 밝구나.

· <u>여보</u>, 어데 가시오.

'앗차' '아' '여보' 등은 각각 그 뒤에 오는 문장에 어느 정도의 꾸밈 구실을 하고 있다. 감탄사는 문장 앞에서 그것을 꾸미는 작용이 그렇게 긴밀하지 아니하며 문장의 짜임에도 그다지 큰 관계가 없다. 그러면서 독립된 문장의 자격을 가진다.

〈예〉· 넌 학교에 가느냐?

<u>예</u>(=그렇습니다. 저는 학교 갑니다).

· 그가 고시에 떨어졌다.

<u>아뿔사</u>(=참, 애석하구나).

위의 예문에서 보이는 '예' '아뿔사'는 홀로 문장의 자격을 가지고 있다. 즉, 괄호 속의 문장 구실을 하고 있다.

〈예〉· 철수가 <u>히히</u> 웃었다.

· 그가 <u>피</u> 웃으며 나갔다.

위의 예문에서 보이는 「히히」와 「피」는 풀이말을 각각 꾸미는 것 같이 보이나 이것을 다시 써 보면 다음과 같다.

〈예〉· 철수가 '<u>히히</u>' 웃었다.

· 그가 '<u>피</u>' 웃으며 나갔다.

따옴 토시로 문장의 한 부분이 되었으나 따옴말은 하나의 독립된 마디로 볼 수 있으므로 여기서도 역시 독립성을 가진 것으로 볼 수 있다.

(2) 감탄사는 경우에 따라서 또는 그 자질상(資質上) 문장의 중간이나 끝에 올 수도 있다.

〈예〉·그가 갔다. <u>말이야</u>.
　　·그것 <u>거시기</u> 있지 않아.
　　·어디 가시오. <u>여보</u>.

(3) 감탄사로써 서로 의사소통을 하는 일이 있다.

〈예〉·갑 : 아이구, 아야.
　　·을 : 왜그래?
　　·갑 : 여보.
　　·을 : 왜.
　　·갑 : 어서요, 어서.

즉 위의 예문에서 보이는 것처럼 감탄사가 하나의 문장의 구실을 하고 있음을 알 수 있다.

(4) 감탄사 중에는 상황과 환경에 따라 여러 가지 의미로 쓰이는 것들이 있다.

'아'라는 감탄사는 여러 가지 어조나 표정, 손짓을 동반하여 슬픔, 반가움, 기쁨, 놀라움 등을 다양하게 표현하는데 이때에는 보충설명을 해주어 의미 전달이 명확하게 이루어지도록 해야 한다.

〈예〉·<u>아</u>, 해방이라니. (감격)
　　·<u>아</u>, 기막힌 경관이로구나. (감탄)
　　·<u>아</u>, 오랜만이군.(반가움)
　　·<u>아</u>, 세월이 유수와 같군. (안타까움)

· 아, 내가 틀렸군. (실망)
· 아, 덥구나. (체감)

(5) 의지 감탄사의 경우 상대방의 사회적 지위에 따라, 어느 정도 구별되는 형태들을 보여준다.

긍정 대답의 경우, 상대방의 지위가 높거나 대우해야 하는 상황에서는 '네, 예, 그래요, 옳소' 등이 쓰이고, 지위가 낮을 때에는 '아무렴, 암, 그래, 응, 오냐' 등이 쓰인다.

부정 대답의 경우, 상대방의 지위가 높을 때나 대우해야 할 때에는 '아니올시다, 아니오, 아니에요, 천만에요' 등이, 지위가 낮을 때는 '아니, 아니다, 천만에' 등이 쓰이는 것이 보편적이다. 의혹의 대답으로는 '글쎄올시다, 글쎄요'와 '글쎄'가 지위의 높고 낮음에 따라 구별되어 사용된다.

★ 간투사(間投詞 Interjection)

한국어에서 말하는 간투사는 감탄사와 비슷하나 의미적인 면에서 느낌을 드러내지 않는다는 점이 다르다. 간투사에는 부름말 '예', '아니요', 응답 표시어 '글쎄', '에' 등과 같은 삽입어가 있다. 간투사는 단독으로 쓰는 수도 있으나 대개는 뒤따르는 보충 표현과 함께 쓰인다.

〈예〉· 여보
　　　여보, 이리 좀 와요.
· 예/아니요
　　　예, 그렇습니다. / 아니요, 그게 아닙니다.
· (이 서류 좀 보아 주시겠어요?)
　　　글쎄요
　　　글쎄요, 지금은 시간이 없는데요.

1-3. 한일 양언어의 대조

　일본어의 감동사와 한국어의 감탄사는 서로 매우 유사함을 알 수 있다. 일본어의 감동사는 주로 문장의 맨 처음에 위치하는 데 비해, 한국어의 감탄사는 문장의 처음에는 물론 중간, 끝에도 올 수 있다는 점에서 약간의 차이를 보이고 있다. 또한 일본어의 감동사에는 여성어와 남성어의 구별이 한국어의 감탄사에 비해 상대적으로 뚜렷이 나타나고, 간투사의 의미나 용법 면에서도 서로 다른 점을 나타내고 있다.

2 　감동사의 분류

2-1. 일본어 감동사의 분류

　(1) 감동을 나타내는 것 (자기의 느낌을 나타내는 것)

　① ああ(긍정, 승낙할 때 내는 말)

　　〈예〉・ああ、そうですか。(아, 그렇습니까?)

　② やあ(사람을 부를 때, 또는 놀랐을 때 내는 말)

　　〈예〉・やあ、これは珍しい。(야, 이거 신기하군.)

　③ まあ(주로 여자가 놀랐을 때 사용하는 말)

　　〈예〉・まあ、すてき。(정말 멋져.)

　④ あら(여자가 놀랐을 때 사용하는 말)

　　〈예〉・あら、大変。(어머, 큰일이군.)

⑤ そら(주의, 지시, 놀람을 나타내는 말 ; 아, 저런, 보세, 자)

〈예〉・そら、電車が来た。(아, 전차가 왔다.)

　　・そら、行くぞ。(자, 간다.)

⑥ あれ(놀라거나 의외로 생각될 때 쓰는 말)

〈예〉・あれ、変だな。(어, 이상하군.)

⑦ それ(そら와 같이 사용된다 ; 자, 봐라)

〈예〉・それ、また殴られるぞ。(그 봐라, 또 매 맞는다.)

⑧ ほら(급히 주의를 환기시킬 때 쓰는 말 ; 이봐, 자)

〈예〉・ほら、ここにあながあるから気をつけてね。

　　　(이봐, 여기에 구멍이 있으니까 조심해.)

⑨ はて(망설일 때를 나타내는 말 ; 글쎄, 그런데)

〈예〉・はて、どうするかしら。(글쎄, 어떻게 할런지.)

(2) 부르는 말(呼びかけ ; 다른 사람에 대해서 말할 때)

① もしもし(「もし」의 힘줌말로, 특히 전화에서 많이 사용한다 ; 여보세요)
〈예〉・もしもし、田中先生のお宅ですか。(여보세요, 田中선생님 댁입니까?)

② おい(친근감이 있는 사이나, 아랫사람을 부를 때 사용한다 ; 이봐, 여봐)
〈예〉・おい、こっちに来い。(이봐, 이쪽으로 와)

　　・おい、そろそろはじめようか。(이봐, 슬슬 시작해 볼까?)

③ これ(こら)(주의를 촉구하거나 꾸짖을 때 사용한다 ; 자아, 어서)
〈예〉・これ、勉強しないか。(이봐, 공부하지 못할까?)

　　・こら、早く来ないか。(이봐, 빨리 오지 못할까?)

④ さあ(남에게 어떤 행동을 재촉할 때 사용한다 ; 자아, 어서)

　〈예〉・さあ、早く行こう。(자아, 빨리 가자.)

　　　・さあ、お座りなさい。(자아, 어서 앉으시오.)

⑤ やあ(や)(사람이 부를 때나 놀랐을 때 사용하는 말로 남성어이다)

　〈예〉・やあ、吉田君じゃないか。(야, 吉田군 아닌가?)

　　　・やあ、これはおかしい。(야, 이것 이상한데.)

(3) 응답의 말(다른 사람에 대해서 말할 때)

① はい(대답하거나, 긍정, 수긍을 나타내는 말)

　〈예〉・はい、そうです。(네, 그렇습니다.)

　　　・はい、いきます。(네, 가겠습니다.)

② うん(승낙, 긍정을 나타내는 말로서, 「はい」의 막된 말씨이다)

　〈예〉・うん、あるよ。(응, 있어.)

　　　・うん、そうだ。(응, 그래.)

③ ええ(주로 상대의 말에 긍정이나 승낙함을 나타내는 말 ; 예, 네)

　〈예〉・ええ、そうです。(예, 그렇습니다.)

④ いいえ[いえ, いや](부정의 대답을 나타내는 말로서 「いえ」는 「いいえ」를 짧게 발
　음한 것이고 「いや」는 공손하지 못한 말이다)

　〈예〉・いいえ、読みませんでした。(아니오, 안 읽었습니다.)

　　　・いえ、きらいです。(아뇨, 싫습니다.)

　　　・いや、そうじゃない。(아냐, 그렇지는 않다.)

⑤ へえ(감동하거나 놀랐을 때를 나타내는 말 ; 저런)

〈예〉・へえ、また落ちたの。 (저런, 또 떨어졌다구.)

(4) 인사말로 쓰이는 감동사

〈예〉・おはよう。　　　안녕. (아침인사)

・さようなら。　　　안녕. (작별인사)

・こんにちは。　　　안녕. (낮인사)

(5) 회화체에서 말이 막혔을 때 말 사이에 끼어 넣는 말(좁은 의미의 '간투사')

〈예〉・えーこれからお話いたしますことは、ああじつは…。

・あのねこないだいってたあのうあのはなしねえ…。

(6) 자연의 소리나 음

〈예〉・わっはっは、

・ちゅんちゅん、

・ぶうぶう、

・からんころん

2-2. 한국어 감탄사의 분류

한국어의 감탄사는 그 나타내는 뜻에 따라 감정적 감탄사, 의지적 감탄사, 말버릇 감탄사, 말더듬 감탄사의 4가지로 나눈다.

(1) 감정적 감탄사 : 놀람, 기쁨 같은 순수한 감정만을 나타내는 느낌씨로 다음과
같은 것이 있다.

① 기쁨 : 하, 하하, 허허, 히, 히히, 호호
② 성냄 : 에, 엣, 에이, 예끼, 원
③ 슬픔 : 아이고, 에구(어이구), 어이
④ 걱정 : 하, 허
⑤ 한숨 : 허, 허허, 하, 하하, 후, 후유
⑥ 놀램 : 아, 아아, 아이고, 에구머니, 이키, 이크, 야아, 에따, 아이, 저런, 불이
　　　　야, 도둑이야
⑦ 두려움 : 이이, 우우, 에비, 에비야
⑧ 인정 : 참, 정말, 아무렴, 그렇지, 암
⑨ 지움 : 웬걸, 어디, 천만에
⑩ 낙망 : 어, 엉, 어뿔사, 아뿔사, 아차
⑪ 뜻같음 : 이키, 이쿠, 이크, 애캐, 옳다, 옳지, 옳아, 얼싸, 얼씨구, 얼씨구나,
　　　　　절씨구나
⑫ 즐거움 : 만세, 좋다
⑬ 시원함 : 에라, 야아
⑭ 놀림 : 에뚜에, 아주, 얼싸, 어렵시오, 용용, 알랑총
⑮ 코웃음 : 피, 푸, 후
⑯ 무서움 : 허, 허허, 에따
⑰ 깔봄 : 애개, 애개개, 애따, 어릴
⑱ 불평 : 에
⑲ 비방 : 아따
⑳ 가엾음 : 아이차, 아이구, 저런, 하하, 아이야, 애개, 애그
㉑ 기림 : 좋다, 잘한다
㉒ 반김 : 아아, 야아

㉓ 물리침 : 에라

㉔ 아양 : 아이이

㉕ 앓음 : 아야, 아이구

㉖ 욕설 : 이새끼, 개새끼

㉗ 의아 : 글쎄, 글쎄다, 그래

㉘ 승인 : 그래, 그럼

(2) 의지적 감탄사 : 꾀임, 부름과 같은 의지의 앞머리를 들어내는 느낌씨로서 다음과 같은 것이 있다.

① 단념 : 에따, 앗아라, 그만둬

② 주의 : 쉬, 수쉬, 쉿

③ 독려 : 자, 위여, 버텨라

④ 꾀임 : 자

⑤ 재촉 : 응, 그래, 어서

⑥ 어름 : 이놈, 요놈, 저놈, 그놈

⑦ 힘씀 : 이여차, 어여차, 어기여차, 이여싸, 어여싸, 영차

⑧ 부름 : 여보십시오, 여보시오, 여보, 여보게, 이바얘, 임마, 오래오래,
　　　　똘똘(돼지 부르는 소리), 구구(닭부르는 소리), 워리(개 부르는 소리)

⑨ 대답 : 예(높임), 응, 그래, 오냐(낮춤), 아니올시다, 아닙니다, 아니요,
　　　　아니, 아니야, 왜요, 왜, 뭐(높임의 차례에 따라), 글쎄올시다, 글쎄요,
　　　　글쎄(높임의 차례에 따름)

⑩ 시킴 : 열중쉬어, 차렷, 경례, 쉬었…, 왕(말에대하여), 워(소에대하여)

⑪ 인사 : 안녕

(3) 말버릇 감탄사

아무 느낌이나 생각없이 단순히 입버릇으로 말에 섞어내는 것.

〈예〉·멀, 멀, 말이지, 말이야

(4) 말더듬 감탄사

말이 빨리 나오지 아니할 때 말을 더듬는 모양으로 아무 뜻없이 소리로 내는 것으로 다음과 같은 말이 있다.

〈예〉·이, 에, 저, 음, 거시기, 에헴, 애햄…

: <u>에</u>, <u>거시기</u> 그 아이가 선생이 됐다면서…

2-3. 한일 양언어의 대조

일본어 감동사와 한국어 감탄사의 분류에 대한 대응관계를 정리하면 다음의 표와 같다.

일본어	한국어
감동을 나타내는 것	감정적 감탄사
부르는 말	의지적 감탄사(간투사)
응답의 말	
자연의 소리	
인사말	감탄사에는 속하나 따로 분류를 하고 있지 않다
간투사	말더듬, 말버릇 감탄사

3 혼동하기 쉬운 감동사

3-1. 혼동하기 쉬운 일본어 감동사

① <u>さて</u>、そろそろかえるか。: 감동사

　<u>さて</u>、次の話だ。: 접속사

② <u>それ</u>、投げるぞ。: 감동사

　<u>それ</u>ください。: 대명사

③ <u>ああ</u>、疲れた。: 감동사

　<u>ああ</u>行けばよい。: 부사

④ <u>ちくしょう</u>、負けた。: 감동사

　<u>畜生</u>にも劣(おと)る。: 명사

⑤ <u>ね</u>、そうでしょう。: 감동사

　みんなで行こう<u>ね</u>。: 조사

3-2. 혼동하기 쉬운 한국어 감탄사

① 당신 말이 정말 <u>옳소</u>. : 형용사

　<u>옳소</u>! 나도 찬성이오. : 감탄사

② 이 일을 <u>얘</u>가 했다. : 대명사

　<u>얘</u>, 너, 이름이 뭐니? : 감탄사

③ <u>아니</u> 가고 어이 하리. : 부사

　<u>아니</u>, 그것이 더 좋아. : 감탄사

3-3. 한일 양언어의 대조

　　일본어의 감동사와 한국어의 감탄사가 모두 문장상의 쓰임에 따라 다른 품사로 바꾼다는 점에서 유사한 면을 보이고 있다. 즉 일본어의 감동사와 한국어의 감탄사는 그 기능과 의미용법에서 기본적으로 같은 바탕을 갖고 있다고 볼 수 있다.

09

조동사

1-1. 일본어 조동사의 정의

일본어의 조동사(助動詞)는 원래 서양문전에 있는 「auxiliary verb」의 번역어이기는 하나, 「auxiliary verb」가 동사 등의 용언의 의미용법을 도우는 역할(기능)을 갖는 '조(助) + 동사(動詞)'인 것에 비해, 일본어의 조동사는 활용하는 조동사라는 의미의 '조사(助詞) + 동(動)'의 역할(기능)을 한다. 따라서 일본어의 조동사는 단독으로 쓰이지 않고, 용언 뒤에 붙어 그 용언에 여러 의미를 더하거나 서술을 도우며 활용을 하는 품사이다. 이를 다시 정리하면 다음과 같다.

- 부속어로 단독으로 문절을 만들 수 없으나, 활용이 있다.
- 주로 용언에 접속하여 뜻을 첨가하거나, 화자의 판단을 분명히 한다.
- 자립어와 접속하여 그 뜻을 첨가한다.

1-2. 한국어의 접미사, 어미, 보조용언, 서술격조사의 정의

(1) 접미사

어근(語根)의 앞뒤에 붙어 그 뜻을 제한하는 부분을 접사(接辞)라고 하는데, 앞에 붙는 것은 접두사(接頭辞), 뒤에 붙는 것은 접미사(接尾辞)라고 한다.

(2) 어미

용언 또는 서술격조사(敍述格助詞)의 어간(語幹)에 붙어서, 쓰임에 따라 여러 가지로 형태를 바꾸어 가며 문법적 관계를 나타내는 부분으로 어말어미(語末語尾)와 선어말어미(先語末語尾)로 나눌 수 있다.

(3) 보조용언

독자적으로 문장의 서술어가 되지 못하고, 본용언(本用言) 뒤에 붙어서 본용언의 뜻을 도와주는 용언이다. 보조용언(補助用言)은 보조동사(補助動詞)와 보조형용사(補助形容詞)를 아울러 일컫는다.

(4) 서술격조사 '이다'

- 모음으로 끝난 말 뒤에서는 '-이'를 생략할 수 있다.
  〈예〉여기는 학교다.

- 활용모습은 형용사와 비슷하나, '-로'가 첨가되기도 하여 형용사 중에서도 '아니다'와 매우 비슷하다.
  〈예〉가방이다. 가방이로군.

1-3. 한일 양언어의 대조

한국어에는 일본어의 조동사와 대응하는 독립된 품사가 없이 '선어말어미, 보조용언, 어미' 등이 일본어의 조동사와 같은 역할(기능)을 하고 있다. 선어말어미란 실질형태소인 어간과 형식형태소인 어말어미 사이에 위치하는 것으로 높임, 공손, 시간 등을 나타내는 어미이다. 선어말어미는 모든 용언에 두루 접속하여 어말어미를 반드시 필요로 하는 특징이 있고, 활용이 없으며 용언의 어간과 의미를 더하는 작용을 한다.

일본어 조동사와 한국어 선어말어미 모두 독립성이 없기 때문에 단독으로 사용되지 않는 것이 공통적인 특징이라 할 수 있으나, 한국어의 선어말어미는 활용이 없는 데 비해, 일본어의 조동사는 활용을 하며 동사 뒤에 접속한 채 문장을 마칠 수 있는 차이가 있다.

2-1. 일본어 조동사의 분류

(1) 의미에 의한 분류

- 사역(使役) : せる/させる
- 피동(被動) : れる/られる
- 가능(可能) : れる/られる
- 자발(自発) : れる/られる
- 존경(尊敬) : れる/られる
- 정중(丁寧) : ます
- 부정(否定) : ない、ぬ
- 추량(推量) : う/よう
- 부정・추량(否定・推量) : まい
- 추정(推定) : らしい
- 과거(過去) : た
- 완료(完了) : た
- 희망(希望) : たい
- 단정(断定) : だ、です
- 비유(比喩) : ようだ
- 전문(伝聞) : そうだ
- 양태(様態) : そうだ

(2) 접속에 의한 분류

① 용언 및 조동사에 붙는 것

- 미연형에 붙는 것 : せる、させる、れる、られる、ない、ぬ(ん)、
  う、よう、まい(오단활용동사 이외의 것)
- 연용형에 붙는 것 : ます、た、そうだ(양태)、たい、たがる
- 종지형에 붙는 것 : そうだ(전문)、まい(오단활용동사에)、らしい、だ、です
- 연체형에 붙는 것 : ようだ

② 체언에 붙는 것 : らしい、だ、です

③ 조사에 붙는 것 : らしい、だ、です、ようだ

(3) 활용에 의한 분류

① 동사활용형(하일단활용동사형) : せる、させる、れる、られる

② 형용사활용형 : ない、たい、らしい

③ 형용동사활용형 : そうだ、ようだ、だ

④ 특별한 활용형 : ます、です、た、ぬ(ん)

⑤ 어형변화가 없는 활용형 : う、よう、まい

2-2. 한국어의 접미사, 어미, 보조용언의 분류

(1) 접미사의 분류

① 사동 접미사(使動 接尾辞) : −이, −리, −우, −기, −히

② 피동 접미사(被動 接尾辞) : −이, −리, −기, −히

(2) 어미의 분류

어미(語尾)는 그 분포와 기능에 따라 아래와 같이 분류된다. 선어말어미(先語末語
尾)는 어말어미(語末語尾)의 앞에 오는 어미로서, 종래에 보조어간(補助語幹)이라고
일컫던 것이다. 어말어미란 단어의 맨 끝에 오는 어미이다. 이 어미로 한 단어가 끝나
기 때문에 어말어미라고 한다.

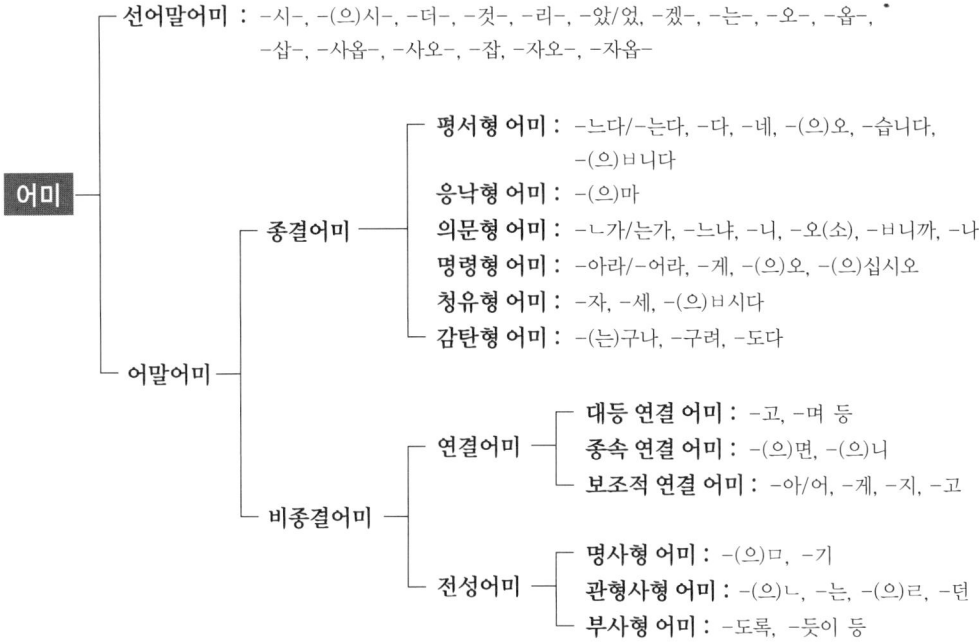

그리고 위의 선어말어미는 다시 공손선어말어미(恭遜先語末語尾), 존경선어말어미
(尊敬先語末語尾), 시상선어말어미(時想先語末語尾), 회상선어말어미(回想先語末語
尾), 추측선어말어미(推測先語末語尾) 등으로 나누어진다.

(3) 보조용언의 분류

① 보조동사

- [사동] 하다 → 밥을 먹게 하다
- [피동] 되다 → 밥을 먹게 되다
- [부정] 아니하다 → 먹지 아니하다
- [진행] 오다 → 무사히 지내오다
- [종결] 내다 → 잘 해 내다
- [봉사] 주다 → 도와주다

말다(부정), 못하다(불능), 보다(시행), 쌓다(반복), 대다(반복), 하(-ㄴ)다(시인, 당위, 사동), 가다(진행), 가지다(보유), 두다(보유), 내다(종결), 있다(진행) 등

② 보조형용사

- [희망] 싶다 → 보고 싶다.
- [상태] 있다 → 눈이 쌓여 있다.
- [추측] 보다 → 추운가 보다.
- [부정] 아니하다 → 높지 아니하다.
- [추측] 듯하다 → 오락가락하는 듯하다. 등

2-3. 한일 양언어의 대조

일본어의 조동사는 한국어의 품사 중에는 없는 개념으로서 이에 대응하는 역할(기능)을 하는 것으로는 접미사, 어미(선어말어미, 어말어미), 보조용언(보조동사, 보조형용사), 서술격조사 등이 이에 속한다.

그러나 한국어의 보조용언과 의미용법상 대응을 이루는 일본어 문법 요소는 조동사 뿐만 아니라 상당수의 보조동사도 포함되므로 그 범위가 상당히 넓다. 따라서 한국어의 경우 사동, 피동 접미사를 포함한 선어말어미도 함께 다루는 것이 타당할 것으로 본다.

3 사역의 조동사 「せる/させる」

3-1. 사역의 조동사 「せる/させる」의 의미용법

(1) 의미 : 상대방에게 어떤 행위를 명령 혹은 요구하며, 그 행위를 하도록 하는 것이다.

〈예〉· 先生が学生にレーポトを書かせる。
(선생님이 학생에게 리포트를 쓰게 한다.)

· 先生が学生に言葉の意味を調べさせる。
(선생님이 학생에게 말의 의미를 조사시킨다.)

(2) 「せる、させる」의 활용

① 「せる」의 활용

「せる」는 오단활용동사의 미연형에, サ행변격활용동사의 미연형 「さ-」에 붙는다.

先生が学生に字を書かせる。(선생님이 학생에게 글을 쓰게 하다.)

미연형 : 先生が学生に字を書かせない。
(선생님이 학생에게 글을 쓰게 하지 않는다.)

연용형 : 先生が学生に字を書かせます。

(선생님이 학생에게 글을 쓰게 합니다.)

종지형 : 先生が学生に字を書かせる。

(선생님이 학생에게 글을 쓰게 한다.)

연체형 : 先生が学生に字を書かせる時。

(선생님이 학생에게 글을 쓰게 할 때)

가정형 : 先生が学生に字を書かせれば、よくなるでしょう。

(선생님이 학생에게 글을 쓰게 하면 좋아지겠지.)

명령형 : 先生が学生に字を書かせろ(よ)。

(선생님이 학생에게 글을 쓰게 하라.)

② 「させる」의 활용

「させる」는 상일단활용동사, 하일단활용동사, カ행변격활용동사의 미연형에 붙는다.

母が子供にご飯を食べさせる。(어머니가 아이에게 밥을 먹게 하다.)

미연형 : 母が子供にご飯を食べさせない。

(어머니가 아이를 밥을 먹게 하지 않는다.)

연용형 : 母が子供にご飯を食べさせます。

(어머니가 아이에게 밥을 먹게 합니다.)

종지형 : 母が子供にご飯を食べさせる。

(어머니가 아이에게 밥을 먹게 하다.)

연체형 : 母が子供にご飯を食べさせる時。

(어머니가 아이에게 밥을 먹게 할 때.)

가정형 : 母が子供にご飯を<u>食べさせれ</u>ば食べるでしょう。

(어머니가 아이에게 밥을 <u>먹게 하면</u> 먹겠지요.)

명령형 : 母が子供にご飯を<u>食べさせろ(よ)</u>。

(어머니가 아이에게 밥을 <u>먹게 하라.</u>)

❖ 사역의 조동사 「せる/させる」의 활용표

기본형	미연형	연용형	종지형	연체형	가정형	명령형
せる	せ	せ	せる	せる	せれ	せろ・せよ
させる	させ	させ	させる	させる	させれ	させろ・させよ
중요 용법	「ない」에 이어짐	「ます」에 이어짐	끝마침	「とき」에 이어짐	「ば」에 이어짐	명령의 뜻으로 끝마침

★ 사역동사로 혼동할 수 있는 동사 「見せる、着せる」

〈예〉・誰に<u>見せる</u>つもりですか。(누구에게 보일 작정입니까?)

・人形に着物を<u>着せる</u>。(인형에게 옷을 입힌다.)

위의 밑줄 친 부분의 단어는 「見-せる」「着-せる」와 같이 두 개의 말이 아니고 한 단어로서 하일단활용동사이다.

★ 일본어의 동사는 자동사와 타동사를 가진다.

그래서 사역표현에서도 자동사와 타동사의 표현 형태가 조금 다르다.

㉠ 자동사로 표현되어질 경우

「(명령하는 사람)가 (명령받는 사람)를 ~せる/させる」의 형태를 취한다.

〈예〉先生は学生を席に座らせた。(선생님은 학생에게 자리에 앉게 시켰다.)

　　　→先生が学生に座ることを命じた。(선생님이 학생에게 앉을 것을 명했다.)

㉡ 타동사로 표현되어질 경우

「(명령하는 사람)가 (명령받는 사람)에 ~를 ~せる/させる」의 형태를 취한다.

〈예〉先生は学生に字を書かせた。(선생님은 학생에게 글을 쓰게 시켰다.)

　　　→先生が学生に字を書くことを命じた。(선생님이 학생에게 글을 쓸 것을 명했다.)

★ サ행변격활용동사 중에서 활용형 「-さ」가 없는 것은 「せる」를 붙일 수 없다.

특히 サ행변격활용동사 중에서도 1자의 한어와 합성된 「信ずる」「感ずる」「重んずる」「案ずる」 등이 그러하다. 즉 「信ざせる」「重んざせる」가 아니고 「信ぜさせる」「重んぜさせる」가 되어 「~ぜ」의 형에 「させる」를 붙이게 된다.

★ 경어의 「せられる」와 「させられる」

「せられる」와 「させられる」는 「せ/させ(경어조동사) + られる(존경조동사)」와 같이 존경을 나타내는 두 가지 형태소가 합쳐진 것으로서 문어(고어)에서는 「せ/させ」가 사역의 의미와 함께 존경의 의미도 갖고 있었다.

〈예〉皇太子殿下は船上に立たせられ、手をあげさせられた。

　　　(황태자 전하는 배 위에 서시어 손을 흔드셨다.)

위의 「せられる」와 「させられる」는 「られる」보다 높은 존경의 의미를 나타낸다.

3-2. 한일 양언어의 대조

일본어의 사역의 조동사 「せる/させる」는 한국어와 다음과 같은 대응관계를 갖는다.

▶ 「-게」: 보조적 연결어미(補助的連結語尾)
　 「-하다, 만들다」: 보조동사(補助動詞)
　 「-이, -히, -리, -기, -우, -추, -구」: 사동 접미사(使動接尾辞)

ⓐ 先生が学生に字を<u>書かせる</u>。
　 선생님이 학생에게 글을 쓰<u>게 하다(만들다)</u>.

ⓑ 母が子供にご飯を<u>食べさせる</u>。
　 어머니가 아이에게 밥을 먹<u>이다</u>.
　 어머니가 아이에게 밥을 먹<u>게 하다(만들다)</u>.

위의 경우 ⓑ는 한국어로 해석을 하게 되면 두 가지 뜻을 가지게 된다. 하나는 "아이 스스로 밥을 먹게 하다"는 의미의 해석이 가능할 것이고, 두 번째는 "어머니가 아이에게 밥을 직접 먹이다"는 의미로의 해석이 가능할 것이다. 그런데 두 번째의 해석은 "어머니가 직접 아이에게 밥을 먹이다"는 뜻은 없다. 여기서 '-이'는 두 가지 뜻을 가지게 한다는 점에서 '-게 하다(만들다)'로 해석해 주는 것이 일반적이다. 이것은 한국어의 사동접미사가 붙을 수 있는 동사에 제약이 따르는 점에서도 생각해 볼 수 있다. 그러나 일본어의 사역조동사 「せる・させる」는 피동(受身)과 마찬가지로 매우 규칙적이며 보편적인 양상을 보여준다.

그리고 형태상의 차이로는, 일본어의 사역조동사는 동사에만 접속하는 것에 비해, 한국어 사동접미사에는 동사(자동사・타동사), 형용사가 접속할 수 있다.

피동의 조동사 「れる/られる」

4-1. 피동의 조동사 「れる/られる」의 의미용법

(1) 의미 : 한쪽이 다른 한 쪽에 어떤 영향을 미치게 되어, 그 영향을 받는 경우에 그 영향을 받는 쪽의 사람 또는 물체를 주격으로 하여 나타내는 형식이다. 즉 주어가 타인에게서 '~영향을 받다, 당하다'의 피동(被動)의 의미를 가진다. 일본어에서는 「受身(うけみ)」라고도 한다.

그러나 존재를 나타내는 「ある」, 상태를 나타내는 「見える、聞こえる、要る、似合う」 등은 피동(受身)의 「れる・られる」의 형태를 갖지 않는다.

〈예〉· 金君は先生に叱れる。

(김군은 선생님에게 꾸짖어진다.)

· 私は後ろの人に見られる。

(나는 뒷사람에게 보여진다.)

(2) 피동의 조동사 「れる/られる」의 활용

① 「れる」의 활용

「れる」는 오단활용동사, サ행변격활용동사의 미연형에 붙는다.

学生が先生にしかられる。(학생이 선생님에게 야단맞다.)

미연형 : 学生が先生にしかられない。

(학생이 선생님에게 야단맞지 않는다.)

연용형 : 学生が先生にしかられます。

(학생이 선생님에게 야단을 맞습니다.)

종지형 : 学生が先生にしかられる。

(학생이 선생님에게 야단맞다.)

연체형 : 学生が先生にしかられる時。

(학생이 선생님에게 야단맞을 때)

가정형 : 学生が先生にしかられれば大変だ。

(학생이 선생님에게 야단맞으면 큰일이다.)

명령형 : 学生を先生にしかられろ(よ)。

(학생을 선생님에게 야단 맞혀라.)

② 「られる」의 활용

「られる」는 상일단활용동사, カ행변격활용동사의 미연형 및 조동사 「せる」「させる」의 미연형에 붙는다.

学生が先生にほめられる。(학생이 선생님에게 칭찬받다.)

미연형 : 学生が先生にほめられない。

(학생이 선생님에게 칭찬받지 않는다.)

연용형 : 学生が先生にほめられます。

(학생이 선생님에게 칭찬을 받습니다.)

종지형 : 学生が先生にほめられる。

(학생이 선생님에게 칭찬받다.)

연체형 : 学生が先生にほめられる時。

(학생이 선생님에게 칭찬받을 때)

가정형 : 学生が先生にほめられればいいのに。

(학생이 선생님에게 칭찬받으면 좋을 텐데.)

명령형 : 学生が先生にほめられろ(よ)。

(학생이 선생님에게 <u>칭찬받아라.</u>)

❖ 피동의 조동사 「れる・られる」의 활용표

기본형	미연형	연용형	종지형	연체형	가정형	명령형
れる	れ	れ	れる	れる	れれ	れろ, れよ
られる	られ	られ	られる	られる	られれ	られろ, られよ

※ 명령형은 피동(受身)의 「れる・られる」에만 있다.

> ★ 피해의 수동(迷惑の受身)
>
> 　일본어의 경우, 피동을 표현하는 데 있어서 자동사에 대응하는 타동사가 있을 경우
> 에는 대부분 타동사를 사용하게 되나 일부의 자동사 「死ぬ」, 「降る」, 「立つ」, 「騒ぐ」,
> 「来る」, 「去る」 등은 자동사로 피동문이 될 수 있다. 이때는 제 삼자에게서 의도적이
> 아닌 어떤 결과로서 곤란을 받는 경우를 나타내는 것으로 이를 「迷惑の受身」라고도
> 한다.
>
> 　　〈예〉・彼は子供の時に父親に<u>死なれた</u>。
> 　　　　　(그가 어릴 때 아버지가 <u>돌아가셨다.</u>)
> 　　　　・雨に<u>降られる</u>。
> 　　　　　(비를 <u>맞다.</u>)
> 　　　　・今日の午後友だちに<u>来られる</u>。
> 　　　　　(오늘 오후에 친구가 <u>온다.</u>)

4-2. 한일 양언어의 대조

다른 사람의 움직임의 힘을 입어서 움직이는 것을 피동이라 하는데, 이러한 의미를 나타내는 일본어 피동(受身)의 조동사 「れる、られる」는 한국어의 피동접미사(被動接尾辞) '-이, -히, -리, -기'와 대응한다고 볼 수 있다.

① 사람을 대상으로 하는 동사의 피동

〈예〉・先生は木村さんを呼んだ。(선생님은 키무라 씨를 불렀다.)

　　→ 木村さんは先生に<u>呼ばれた</u>。(키무라 씨는 선생님에게 <u>불렸다.</u>)

　　・学生は田中先生を尊敬している。(학생은 다나카 선생님을 존경하고 있다.)　、

　　→ 田中先生は学生に<u>尊敬されて</u>いる。(다나카 선생님은 학생에게 <u>존경받고</u> 있다.)

② 신체의 일부분이 대상이 되는 피동

〈예〉・となりの人が私の足を踏んだ。(옆 사람이 나의 발을 밟았다.)

　　→ 私はとなりの人に足を<u>踏まれた</u>。(나는 옆 사람에게 발을 <u>밟혔다.</u>)

　　・犬が私の指をかんだ。(개가 나의 손을 물었다.)

　　→ 私は犬に指を<u>かまれた</u>。(나는 개에게 손을 <u>물렸다.</u>)

③ 소유물이 대상이 된 피동

〈예〉・母が私の日記を読んだ。(엄마가 내 일기를 읽었다.)

　　→ 私は母に日記を<u>読まれた</u>。(나는 엄마에게 일기를 <u>읽혔다.</u>)

　　・友だちが私の弁当を食べた。(친구가 나의 도시락을 먹었다.)

　　→ 私は友だちに弁当を<u>食べられた</u>。(나는 친구에게 도시락을 <u>먹였다.</u>)

＊ 이때도 위와 마찬가지로 물건의 주인(소유주)이 주어가 된다. 우리말로 옮겼을

때는 능동문과 별 차이가 없을 수도 있는데, 수동문은 '싫은 느낌'이나 '억지로 ~한 느낌'을 나타낸다.

④ 목적어가 따로 있는 피동

〈예〉· 先生が私たちに質問をしました。(선생님이 우리들에게 질문을 했습니다.)

　　　→ 私たちは先生に質問を<u>されました</u>。(우리들은 선생님에게 질문을 <u>받았습니다</u>.)

　　· 友だちが私に通訳を頼みました。(친구들이 나에게 통역을 부탁했습니다.)

　　　→ 私は友だちに通訳を<u>頼まれました</u>。(나는 친구에게 통역을 <u>부탁받았습니다</u>.)

* 문장 안에 목적어가 따로 있는 경우이다. 행위자가 없이 동사만 단독으로 쓰이는 경우도 있는데 주로 「~に~(ら)れる」형으로 쓰이는 동사로 위와 같은 동사가 여기에 속한다.

⑤ 행위자가 문제가 되지 않는 피동

〈예〉· このニュースはみんなが知っている。(이 뉴스는 모두가 알고 있다.)

　　　→ このニュースはみんなに<u>知られている</u>。(이 뉴스는 모두에게 <u>알려져</u> 있다.)

　　· 2002年に韓国でワールドカップを開く。(2002년에 한국에서 월드컵을 연다.)

　　　→ 2002年に韓国でワールドカップが<u>開かれる</u>。(2002년에 한국에서 월드컵이 <u>열린다</u>.)

* 이 문장들은 행위자가 불특정 다수이거나 일반 다수인 경우와 행위자가 누구인지는 그다지 중요하지 않은 경우(대신 「いつ(언제), どこで(어디서), なにが(무엇이)」가 중요한 경우) 그리고 책이나 신문기사 등에서 일반적으로 많이 쓰이는 표현이다.

5　가능의 조동사 「れる/られる」

5-1. 가능의 조동사 「れる/られる」의 의미용법

(1) **의미** : 무엇을 「~할 수 있다」고 하는 것을 가능이라 하는데, 일본어의 가능형은 「~することができる」「~れる・られる」「가능동사형~e る(5단활용동사에서만 존재)」 「~得(う・え)る」의 4가지 형태를 가진다. 여기서 다루고자 하는 가능형은 두 번째의 「~れる・られる」이다.

(2) **가능의 조동사 「れる/られる」의 활용**

① **「れる」의 활용**

「れる」는 오단활용동사, サ행변격활용동사의 미연형에 붙는다.

明日映画見にいっしょに<u>行かれるの</u>。(내일 영화 보러 함께 <u>갈 수 있어?</u>)

미연형 : 明日映画見にいっしょに<u>行かれ</u>ない。
　　　　(내일 영화 보러 함께 <u>갈 수</u> 없다.)

연용형 : 明日映画見にいっしょに<u>行かれ</u>ます。
　　　　(내일 영화 보러 함께 <u>갈 수 있습</u>니다.)

종지형 : 明日映画見にいっしょに<u>行かれる</u>。
　　　　(내일 영화 보러 함께 <u>갈 수 있다.</u>)

연체형 : 明日映画見にいっしょに<u>行かれる</u>人。
　　　　(내일 영화 보러 함께 <u>갈 수 있는</u> 사람)

가정형 : 明日映画見にいっしょに<u>行かれれ</u>ばいいのに。
　　　　(내일 영화 보러 함께 <u>갈 수 있으</u>면 좋을 텐데.)

命令形 : 없음

② 「られる」의 활용

「られる」는 상일단활용동사, カ행변격활용동사의 미연형 및 조동사 「せる」「させる」의 미연형에 붙는다.

私は納豆が食べられる。(나는 낫토를 먹을 수 있다.)

미연형 : 私は納豆が食べられない。

(나는 낫토를 먹을 수 없다.)

연용형 : 私は納豆が食べられます。

(나는 낫토를 먹을 수 있습니다.)

종지형 : 私は納豆が食べられる。

(나는 낫토를 먹을 수 있다.)

연체형 : 私が納豆が食べられる時。

(내가 낫토를 먹을 수 있을 때)

가정형 : 私が納豆が食べられればいいのに。

(내가 낫토를 먹을 수 있으면 좋을 텐데)

명령형 : 없음

❖ 가능의 조동사 「れる·られる」의 활용표

기본형	미연형	연용형	종지형	연체형	가정형	명령형
れる	れ	れ	れる	れる	れれ	없음
られる	られ	られ	られる	られる	られれ	없음

5-2. 한일 양언어의 대조

일본어의 가능의 조동사「れる/られる」는 한국어의 추측선어말어미 '-겠' 또는 피동동사 '되다, 받다, 당하다' 등과 대응관계를 이루지만, 한국어의 일반적인 대응표현은 '(-ㄹ) 수(가) 있다'가 보다 보편적이다.

ⓐ 明日映画見にいっしょに<u>行かれる</u>の。(내일 영화 보러 함께 <u>갈 수 있어</u>?)
ⓑ 私は納豆が<u>食べられる</u>。(나는 낫토를 <u>먹을 수 있다</u>.)

▶「-ㄹ 수 있다」
「-ㄹ」: 관형사형 전성어미(冠形詞形 転成語尾)
「-수」: 의존명사(依存名詞)
「있다」: 형용사(形容詞)

「-ㄹ 수 있다」라는 것은 하나의 품사가 아니라 어미와 기타 복합적인 표현으로 볼 수 있기 때문에 일본어의 가능조동사「れる・られる」에 대응되는 보편적인 한국어의 품사는 없음을 알 수 있다.

6 　자발의 조동사「れる/られる」

6-1. 자발의 조동사「れる/られる」의 의미용법

(1) 의미 : 자연히(저절로) 그렇게 된다는 의미로 주로 인간의 감정을 나타내는 동사가 자발의 표현으로 쓰이기 쉽다. 그래서 단어가 한정될 수밖에 없는 것으로 그 동사를 예로 들면 다음과 같다.

그러나 자발의 조동사는 가능이나 피동의 조동사와 혼동하기 쉬우므로 문장 전체의 뜻을 잘 파악하여 판단해야 한다.

(2) 자발의 조동사 「れる/られる」의 활용

① 「れる」의 활용

「れる」는 오단활용동사, サ행변격활용동사의 미연형에 붙는다.

将来のことが心配される。(장래가 걱정된다.)

미연형 : 将来のことが心配されない。
(장래의 일이 걱정되지 않는다.)

연용형 : 将来のことが心配されます。
(장래의 일이 걱정됩니다.)

종지형 : 将来のことが心配される。
(장래의 일이 걱정된다.)

연체형 : 将来のことが心配される時。
(장래의 일이 걱정될 때.)

가정형 : 将来のことが心配されれば。
(장래의 일이 걱정되면.)

명령형 : 없음

② 「られる」의 활용

「られる」는 상일단활용동사, 하일단활용동사, カ행변격활용동사의 미연형에 붙는다.

安先生の発表のことが<u>案じられる</u>。(안 선생님의 발표가 <u>걱정된다</u>.)

미연형 : 安先生の発表のことが<u>案じられ</u>ない。

(안 선생님의 발표가 <u>걱정되지</u> 않는다.)

연용형 : 安先生の発表のことが<u>案じられ</u>ます。

(안 선생님의 발표가 <u>걱정됩</u>니다.)

종지형 : 安先生の発表のことが<u>案じられる</u>。

(안 선생님의 발표가 <u>걱정된다</u>.)

연체형 : 安先生の発表のことが<u>案じられる</u>時お酒を飲む。

(안 선생님의 발표가 <u>걱정될</u> 때 술을 마십니다.)

가정형 : 安先生の発表のことが<u>案じられれ</u>ばお酒を飲もう。

(안 선생님의 발표가 <u>걱정되면</u> 술을 마시자.)

명령형 : 없음

❖ 자발의 조동사 「れる·られる」 활용표

기본형	미연형	연용형	종지형	연체형	가정형	명령형
れる	れ	れ	れる	れる	れれ	없음
られる	られ	られ	られる	られる	られれ	없음

6-2. 한일 양언어의 대조

ⓐ 昔のことが<u>思い出される</u>。 (옛날 일이 <u>추억된다</u>.)
ⓑ 安先生の発表のことが<u>案じられる</u>。 (안 선생님의 발표가 <u>걱정된다</u>.)

▶ 「-아/어(게) 되다(지다)」
　「-아/어(게)」: 보조적 연결어미(補助的連結語尾)
　「-되다(지다)」: 피동보조동사(被動補助動詞)

　일본어의 자발의 조동사 「れる・られる」는 피동보조동사인 '-어(아)지다', '-게 되다'와 대응관계를 갖는다. 그러나 한국어의 피동보조동사로 구별되는 '-어(아)지다', '-게 되다'는 일본어의 자발조동사로 옮겨진다고 할 수 없다. 왜냐하면 일본어의 자발보조동사도 피동보조동사와 똑같이 해석되어지기 때문이다. 다시 말해 한국어에서의 '-어(아)지다', '-게 되다'는 피동의 의미를 나타냄과 함께 자발의 의미도 나타낸다고 할 수 있는 것이다. 그러나 한국어에서는 자발이라는 범주가 일반적으로 인정되지 않기 때문에 '-어(아)지다', '-게 되다'는 피동의 의미만을 나타내는 것이 보통이다.

★ 자발의 조동사 「れる(られる)」가 붙기 쉬운 동사

　자발은 스스로 그렇게 된다는 의미이므로, 주로 인간의 감정을 나타내는 동사가 자발의 표현으로 쓰이기 쉽다. 따라서 자발의 조동사는 가능이나 피동의 조동사와 혼동하기 쉬우므로 문장 전체의 뜻을 잘 파악하여 판단해야 한다.

　〈예〉偲ばれる、思われる、思い出される、泣かれる、心配させる、
　　　 案じられる、忘れられる、覚えられる、恥じられる

존경의 조동사 「れる/られる」

7-1. 존경의 조동사 「れる/られる」의 의미용법

(1) **의미** : 타인의 동작이나 행동에 대하여 존경의 의미를 나타낸다.

(2) **존경의 조동사 「れる/られる」의 활용**

① **「れる」의 활용**

「れる」는 오단활용동사, サ행변격활용동사의 미연형에 붙는다.

先生が本を<u>読まれる</u>。(선생님이 책을 <u>읽으신다.</u>)

> 미연형 : 先生が本を<u>読まれ</u>ない。
>
> (선생님이 책을 <u>읽지</u> 않<u>으신</u>다.)
>
> 연용형 : 先生が本を<u>読まれ</u>ます。
>
> (선생님이 책을 <u>읽으십니다.</u>)
>
> 종지형 : 先生が本を<u>読まれる</u>。
>
> (선생님이 책을 <u>읽으신다.</u>)
>
> 연체형 : 先生が本を<u>読まれる</u>時。
>
> (선생님이 책을 <u>읽으실</u> 때)
>
> 가정형 : 先生が本を<u>読まれれ</u>ば。
>
> (선생님이 책을 <u>읽으시면</u>)
>
> 명령형 : 없음

② 「られる」의 활용

「られる」는 상일단활용동사, 하일단활용동사, カ행변격활용동사의 미연형 및 조동사 「せる/させる」의 미연형에 붙는다.

先生が昼御飯を食べられる。(선생님이 점심을 드신다.)

미연형 : 先生が昼御飯を食べられない。
　　　　(선생님이 점심을 드시지 않는다.)

연용형 : 先生が昼御飯を食べられます。
　　　　(선생님이 점심을 드십니다.)

종지형 : 先生が昼御飯を食べられる。
　　　　(선생님이 점심을 드신다.)

연체형 : 先生が昼御飯を食べられる時。
　　　　(선생님이 점심을 드실 때)

가정형 : 先生が昼御飯を食べられれば。
　　　　(선생님이 점심을 드시면)

명령형 : 없음

❖ 존경의 조동사 「れる/られる」 활용표

기본형	미연형	연용형	종지형	연체형	가정형	명령형
れる	れ	れ	れる	れる	れれ	없음
られる	られ	られ	られる	られる	られれ	없음

7-2. 한일 양언어의 대조

ⓐ 先生が本を読まれる。(선생님이 책을 읽으신다.)

ⓑ 先生が昼御飯を食べられる。(선생님이 점심을 드신다.)

▶ 「−시−, −(으)시−」: 높임선어말어미

ⓐ와 ⓑ에서 보이듯이, 일본어의 존경의 조동사 「れる/られる」는 한국어의 높임선어말어미 '−시−, −(으)시−'와 일치한다는 것을 알 수 있다.

8 부정의 조동사 「ない」

8-1. 부정의 조동사 「ない」의 의미용법

(1) 의미 : '그러하지 않다'는 부정을 나타낸다.

(2) 부정의 조동사 「ない」의 활용 : 동사(오단, 상일단, 하일단, サ행변격, カ행변격)의 미연형 및 동사활용의 조동사 「せる、させる、れる、られる」의 미연형에 붙는다.

日本語の本を読まない。(일본어 책을 읽지 않는다.)

미연형 : 日本語の本を読まなかろう。
(일본어 책을 읽지 않을 것이다.)

연용형 : 日本語の本を読まなかった。
(일본어 책을 읽지 않았다.)

日本語の本を<u>読まなく</u>なる。

(일본어 책을 <u>읽지 않게</u> 되다.)

종지형 : 日本語の本を<u>読まない</u>。

(일본어 책을 <u>읽지 않는다</u>.)

연체형 : 日本語の本を<u>読まない</u>とき、

(일본어 책을 <u>읽지 않을</u> 때,)

가정형 : 日本語の本を<u>読まなければ</u>。

(일본어 책을 <u>읽지 않으면</u>.)

명령형 : 없음

❖ 부정의 조동사 「ない」의 활용표

기본형	미연형	연용형	종지형	연체형	가정형	명령형
ない	なかろ	なかっ なく	ない	ない	なけれ	없음
중요 용법	「う」에 이어짐	「た」, 「て」에 이어짐	끝맺음	「とき」에 이어짐	「ば」에 이어짐	없음

★ 부정의 조동사 「ない」의 주의해야 할 접속

① 「ない」는 모든 종류의 모든 동사의 미연형에 붙지만 동사 「ある」에는 붙지 않는다.

　즉, 「あらない」라고 하지 않고, 형용사 「ない」를 그대로 쓴다.

② サ행변격활용동사도 미연형에 붙지만 「し、せ、さ」 중에서 「し」에 붙는다.

　즉, 「しない」만이 가능하다.

③ 미연형「なかろ」는 추량의 조동사「う」에 붙지만 현재는「なかろう」라고 하는 표현은 그다지 사용하지 않는다. 즉,「雨が降らなかろう。そうは言わなかろう。」와 같은 표현 대신에「雨が降らないだろう。そうは言わないだろう。」의 표현을 사용한다.

8-2. 한일 양언어의 대조

今日は学校に行かない。(오늘은 학교에 안 간다(가지 않는다).)

▶ 안 간다 : 부정부사(否定副詞) '안' + 동사
  −지 않(는)다 : 보조적 연결어미(補助的 連結語尾) + 보조용언(補助用言)

한국어에서의 부정 표현은 주로 명사, 동사, 형용사에서 나타나는데, 그 세 가지 경우를 나눠서 살펴볼 필요가 있다. 그러나 일본어에서는 형용동사가 하나 더 포함된다.

  ㉠ かばんではない。(가방이 아니다.)　　：형용사
  ㉡ 本を読まない。(책을 읽지 않는다.)　　：조동사
  ㉢ おおきくない。(크지 않다.)　　：보조형용사
  ㉣ きれいではない。(예쁘지 않다.)　　：보조형용사

위의 예처럼 ㉠경우는「ない」가 형용사, ㉡은 조동사, ㉢과 ㉣의 경우는 보조형용사이다. ㉠과 ㉢㉣은 크게 볼 때 같은 형용사로 취급하는 경우도 있지만, 여기서는 개별적인 것으로 본다.

9-1. 희망의 조동사 「たい」의 의미용법

(1) 의미 : 「~을 하고 싶다」하는 희망·욕구의 뜻을 나타내며 1인칭을 문장의 주어로 한다.

(2) 희망의 조동사 「たい」의 활용

동사(오단, 상일단, 하일단, サ행변격, カ행변격)의 연용형 및 동사활용형의 조동사 「せる、させる、れる、られる」의 연용형에 붙는다.

今日おいしいもんでも食たべたい。(오늘 맛있는 것이라도 먹고 싶다.)

미연형 : 今日おいしいもんでも食べたかろう。
　　　　　(오늘 맛있는 것이라도 먹고 싶을 것이다.)

연용형 : 今日おいしいもんでも食べたかった。
　　　　　(오늘 맛있는 것이라도 먹고 싶었다.)
　　　　　今日おいしいもんでも食べたくなる。
　　　　　(오늘 맛있는 것이라도 먹고 싶어진다.)

종지형 : 今日おいしいもんでも食べたい。
　　　　　(오늘 맛있는 것이라도 먹고 싶다.)

연체형 : 今日おいしいもんでも食べたい時は私に言ってください。
　　　　　(오늘 맛있는 것이라도 먹고 싶을 때는 나에게 말해 주세요.)

가정형 : 今日おいしいもんでも食べたければ。
　　　　　(오늘 맛있는 것이라도 먹고 싶으면.)

명령형 : 없음

❖ 희망의 조동사 「たい」의 활용표

기본형	미연형	연용형	종지형	연체형	가정형	명령형
たい	たかろ	たかっ たく	たい	たい	たけれ	없음
중요 용법	「う」에 이어짐	「た」, 「て」, 「なる」에 이어짐	끝맺음	「とき」에 이어짐	「ば」에 이어짐	없음

★ 2,3인칭 희망의 조동사 「たがる」

조동사 「たい」의 어간 「た」에 접미어 「がる」가 붙어서 만들어진 말로서 「たい」와 같이 「~을 하고 싶어 한다」라는 희망·욕구의 뜻을 나타낸다. 즉 「たい」가 제 1인칭을 문장의 주어로 하는 데 비해, 「たがる」는 주어가 제 2,3인칭일 때 사용한다.

ⓐ 「たがる」의 활용

彼はしきりに彼女のことを知りたがる。 (그는 몹시 그녀에 대해 알고 싶어 한다.)

미연형 : 彼は彼女のことを知りたがらない。

　　　　 (그는 그녀에 대해 알고 싶어 하지 않는다.)

　　　　 彼はしきりに彼女のことを知りたがろう。

　　　　 (그는 몹시 그녀에 대해 알고 싶어 할 것이다.)

연용형 : 彼はしきりに彼女のことを知りたがります。

　　　　 (그는 몹시 그녀에 대해 알고 싶어 합니다.)

　　　　 彼はしきりに彼女のことを知りたがっている。

　　　　 (그는 몹시 그녀에 대해 알고 싶어 하고 있다.)

종지형 : 彼はしきりに彼女のことを<u>知りたがる</u>。

(그는 몹시 그녀에 대해 <u>알고 싶어 한다</u>.)

연체형 : 彼はしきりに彼女のことを<u>知りたがる</u>時。

(그는 몹시 그녀에 대해 <u>알고 싶어 할 때</u>.)

가정형 : 彼はしきりに彼女のことを<u>知りたがれ</u>ば。

(그는 몹시 그녀에 대해 <u>알고 싶어 하면</u>.)

명령형 : 없음

ⓑ 「たがる」의 활용표

기본형	미연형	연용형	종지형	연체형	가정형	명령형
たがる	たがら たがろ	たがり たがっ	たがる	たがる	たがれ	없음
중요 용법	「ない」, 「う」에 이어짐	「ます」, 「た」에 이어짐	끝맺음	「とき」에 이어짐	「ば」에 이어짐	없음

9-2. 한일 양언어의 대조

今日おいしいもんでも<u>食べたい</u>。(오늘 맛있는 것이라도 <u>먹고 싶다</u>.)

彼はしきりに彼女のことを<u>知りたがる</u>。(그는 몹시 그녀에 대해 <u>알고 싶어 한다</u>.)

▶ 「-고 싶다」

「-고」: 보조적 연결어미(補助的連結語尾)

「싶다」: 보조형용사(補助形容詞)

▶ 「-고 싶어 하다」
　「-고」: 보조적 연결어미(補助的連結語尾)
　「싶어 하다」: 보조동사(補助動詞)

　일본어의 희망의 조동사 「たい,「たがる」는 한국어의 '-고 싶다' '-고 싶어 하다'와 대응관계를 보인다. 그러나 한국어에서는 위에서 보이는 것처럼 하나의 문법적 범주로는 나타낼 수 없고 관용형의 형태로 나타난다. 즉 조동사 「たい」는 한국어의 어미와 보조용언이 복합된 표현과 대응함으로써, 한일 양언어 모두 교착어의 성질을 조동사와 어미에서 공통적으로 발견할 수 있다.

10 　추정(추량)의 조동사 「らしい」

10-1. 추정(추량)의 조동사 「らしい」의 의미용법

　(1) 의미 : 외부로부터 전해 들은 어떤 객관적인 사실에 기초하여 내용을 서술할 때 사용되며, 추량이나 단정의 의미를 가진다.

　(2) 추정(추량)의 조동사 「らしい」의 활용
　　• 동사 및 형용사의 종지형에 붙는다. 동사활용형의 조동사 종지형에 붙는다.
　　• 형용사활용형의 조동사 「ない」, 「たい」의 종지형에 붙는다.
　　• 특별한 활용형의 조동사 「ぬ」, 「た」의 종지형에 붙는다.
　　• 형용동사의 어간에 붙는다.
　　• 명사에 붙는다.

- 조사에 붙는다.
- 부사에 붙는다.

今日はいい天気になる<u>らしい</u>。(오늘은 좋은 날씨가 <u>될 것 같다.</u>)

미연형 : 없음

연용형 : 今日はいい天気になる<u>らしかった</u>。

(오늘은 좋은 날씨가 <u>될 것 같았다.</u>)

今日はいい天気になる<u>らしく</u>見える。

(오늘은 좋은 날씨가 <u>될 것 같이</u> 보인다.)

종지형 : 今日はいい天気になる<u>らしい</u>。

(오늘은 좋은 날씨가 <u>될 것 같다.</u>)

연체형 : 今日はいい天気になる<u>らしい</u>気がする。

(오늘은 좋은 날씨가 <u>될 것 같은</u> 느낌이 든다)

가정형 : 今日はいい天気になる<u>らしければ</u>。

(오늘은 좋은 날씨가 <u>될 것 같으면.</u>)

명령형 : 없음

❖ 추정(추량)의 조동사 「らしい」의 활용표

기본형	미연형	연용형	종지형	연체형	가정형	명령형
らしい	없음	らしかっ らしく	らしい	らしい	らしけれ	없음
중요 용법	없음	「た」, 「なる」에 이어짐	끝맺음	「とき」에 이어짐	「ば」에 이어짐	없음

10-2. 한일 양언어의 대조

今日はいい天気になる<u>らしい</u>。(오늘은 좋은 날씨가 될 <u>것 같다(듯하다)</u>.)

▶ 「(-ㄴ/-ㄹ) 것 같다」, 「(-ㄴ/-ㄹ) 듯하다」

　(-ㄴ/-ㄹ): 관형사형전성어미(冠形詞形転成語尾)

　-것: 의존명사(依存名詞)

　-같다: 형용사(形容詞)

　-듯하다: 보조형용사(補助形容詞)

　일본어 추정(추량)의 조동사 「らしい」는 일반적으로 한국어 추측선어말어미 '겠'과 대응관계를 이룬다고 보고 있으나, 실제로는 보조용언 중 추측보조형용사 '-듯하다'나 형용사 '-것 같다'와의 대응이 보다 자연스럽다고 볼 수 있다.

★ 조동사 「らしい」와 접미어 「らしい」

　일본어에서 조동사 「らしい」와 접미어 「らしい」의 구별은 우선 「らしい」와 그 뒤에 오는 단어 사이에 「である」라는 말을 넣어서 전체 문장의 의미가 변하지 않으면 조동사 「らしい」가 된다. 그러나 이러한 방법도 반드시 맞는다고 할 수 없으므로 전체 문맥을 파악하여 구별하는 것이 가장 올바른 방법이다. 접미어 「らしい」는 그 성질상 「いかにも」, 「全く」, 「見るからに」 등의 부사나 부사구를 동반하는 경우가 많다.

　〈예〉 A: あっちから来るのは彼女でなく<u>男らしい</u>。

　　　　(저쪽에서 오는 사람은 여자가 아니고 <u>남자 같다.</u>)

　　　　B: 彼の態度は、<u>男らしい</u>。

　　　　(그의 태도는 <u>남자답다.</u>)

　A는 명사 「男」 + 조동사 「らしい」이고, B는 명사 「男」 + 접미어 「らしい」이다. A의 「男らしい」는 「男であるらしい」라는 의미이나, B의 경우는 접미어 「らしい」가 붙어 「男らしい(남자답다)」라는 의미를 가진 형용사가 된다.

11-1. 양태의 조동사 「そうだ」의 의미용법

(1) **의미** : 화자가 어떤 사정이나 상황에 대하여 "충분히 그 가능성이 있는 상태다"라고 생각하는 뜻을 나타낸다.

(2) **양태(様態)의 조동사 「そうだ」의 활용**

- 동사(오단, 상일단, 하일단, サ행변격, カ행변격)의 연용형에 붙는다.
- 동사활용형 조동사 「せる、させる、れる、られる」의 연용형에 붙는다.
- 형용사의 어간에 붙는다.
- 형용사활용형의 조동사 「ない」, 「たい」의 어간에 붙는다.

❖ **양태의 조동사 「そうだ」의 활용**

今日は雨が降り<u>そうだ</u>。(오늘은 비가 <u>올 것 같다.</u>)

미연형 : 今日は雨が降り<u>そうだろう</u>。
(오늘은 비가 <u>내릴 것 같다.</u>)

연용형 : 今日は雨が降り<u>そうだった</u>。
(오늘은 비가 <u>내릴 것 같았다.</u>)

今日は雨が降り<u>そうで</u>ある。
(오늘은 비가 <u>내릴 것 같다.</u>)

今日は雨が降り<u>そうにない</u>。
(오늘은 비가 <u>내릴 것 같지 않다.</u>)

今日は雨が降り<u>そうに</u>なる。

(오늘은 비가 내릴 것 같이 되다.)

종지형 : 今日は雨が降り<u>そうだ</u>。

(오늘은 비가 내릴 것 같다.)

연체형 : 今日は雨が降り<u>そうな</u>気がする。

(오늘은 비가 내릴 것 같은 느낌이 든다.)

가정형 : 今日は雨が降り<u>そうなら(ば)</u>、

(오늘은 비가 내릴 것 같으면,)

명령형 : 없음

❖ 양태의 조동사 「そうだ」의 활용표

기본형	미연형	연용형	종지형	연체형	가정형	명령형
そうだ	そうだろ	そうだっ そうで そうに	そうだ	そうな	そうなら	없음
중요 용법	「う」에 이어짐	「た」,「ある」, 「なる」에 이어짐	끝마침	「とき」에 이어짐	「ば」에 이어짐	없음

11-2. 한일 양언어의 대조

今日は雨が降り<u>そうだ</u>。(오늘은 비가 올 <u>것 같다(듯하다)</u>.)

▶ 「(-ㄴ/-ㄹ) 것 같다」, 「(-ㄴ/-ㄹ) 듯하다」

　　(-ㄴ/-ㄹ): 관형사형전성어미(冠形詞形転成語尾)

　　-것: 의존명사(依存名詞)

　　-같다: 형용사(形容詞)

　　-듯하다: 보조형용사(補助形容詞)

　　일본어의 양태의 「そうだ」는 동사뿐만이 아니라, 형용사와 형용동사에도 접속을 하는데, 그 형태를 간단히 예를 들면 아래와 같다.

　　〈예〉·형용사 : おおきい → おおき<u>そうだ</u>

　　　　　　　　　　　(큰 <u>것 같다</u>)

　　　　·형용동사 : きれいだ → きれい<u>そうだ</u>

　　　　　　　　　　　(예쁜 <u>것 같다</u>)

> ★ 일본어의 양태의 「そうだ」에 접속하는 형용사
>
> 　여기에는 두 가지의 예외 「ない(없다, 아니다)」 「よい(좋다)」가 있다. 또한 「ない」는 형용사와 조동사로 구별된다. 각각 양태의 조동사 「そうだ」에 접속하는 형태의 예는 아래와 같다.
>
> 　　〈예〉·형용사 「ない」: これは本では<u>ない</u>。 → これは本では<u>なさそうだ</u>。
>
> 　　　　　　　　　　(이것은 책이 <u>아닌 것 같다.</u>)
>
> 　　　·조동사 「ない」: 本をよま<u>ない</u>。 → 本をよま<u>なそうだ</u>。
>
> 　　　　　　　　　　　　(책을 읽지 <u>않는 것 같다.</u>)
>
> 　　　·형용사 「よい」: 天気が<u>よい</u>。 → 天気が<u>よさそうだ</u>。
>
> 　　　　　　　　　　　　(날씨가 <u>좋을 것 같다.</u>)

12-1. 전문의 조동사「そうだ」의 의미용법

(1) **의미** : 타인의 말을 빌려 어떤 사실이나 상황을 서술하거나 설명하는 표현이다. 즉, 제 3자로부터 들어서 전하는 의미(伝聞)를 나타낸다.

(2) **전문(伝聞)의 조동사「そうだ」의 활용**

- 동사(오단, 상일단, 하일단, サ행변격, カ행변격)의 종지형에 붙는다.
- 형용사의 종지형에 붙는다.
- 형용동사의 종지형에 붙는다.
- 동사활용형조동사「せる、させる、れる、られる」의 종지형에 붙는다.
- 형용사활용형의 조동사「ない」,「たい」의 종지형에 붙는다.
- 형용조동활용형 조동사「だ、ようだ」의 종지형에 붙는다.

山田さんは今日学校を休む<u>そうだ</u>。(야마다 씨는 오늘 학교를 쉰<u>다고 한다.</u>)

미연형 : 없음

연용형 : 山田さんは今日学校を休む<u>そうである</u>。
　　　　　(야마다 씨는 오늘 학교를 쉰<u>다고</u> 한다.)

종지형 : 山田さんは今日学校を休む<u>そうだ</u>。
　　　　　(야마다 씨는 오늘 학교를 쉰<u>다고 한다.</u>)

연체형 : 없음

가정형 : 없음

명령형 : 없음

❖ 전문의 조동사 「そうだ」의 활용표

기본형	미연형	연용형	종지형	연체형	가정형	명령형
そうだ	없음	そうで	そうだ	없음	없음	없음
중요 용법	없음	「ある」에 이어짐	끝마침	없음	없음	없음

12-2. 한일 양언어의 대조

山田さんは今日学校を休む<u>そうだ</u>。 (야마다 씨는 오늘 학교를 쉰<u>다고 한다</u>.)

▶ 「-고(-라고) 하다」

「-고」: 인용격조사(引用格助詞)

「-하다」: 동사(動詞)

일본어의 전문(伝聞)의 조동사 「そうだ」와 한국어 표현을 대조해 보면, 직접적인 대응관계는 찾아볼 수 없고, 인용격 조사를 빌어 표현하는 '~라고 하다' 또는 '그렇게 말하다'라는 뜻의 표현과 대응관계를 이룬다고 하는 것이 적절할 것이다.

전문의 조동사 「そうだ」는 동사뿐만이 아니라 형용사와 형용동사에도 접속을 하는데, 그 형태를 간단히 예를 들면 아래와 같다.

〈예〉・형용사 : おおきい → おおきい<u>そうだ</u>

(크다<u>라고 한다</u>)

・형용동사 : きれいだ → きれいだ<u>そうだ</u>

(예쁘다<u>라고 한다</u>)

★ 일본어의 전문의 조동사와 접속하는 형용사

　여기에는 두 가지의 예외 「ない(없다, 아니다)」「よい(좋다)」가 있다. 또한 「ない」는 형용사와 조동사로 구별된다. 각각 전문의 조동사 「そうだ」의 접속 형태의 예는 아래와 같다.

　　〈예〉·형용사 「ない」: これは本ではない → これは本ではないそうだ。
　　　　　　　　　　　　　　　　　　　(이것은 책이 아니라고 한다.)

　　　　·조동사 「ない」: 本をよまない → 本をよまないそうだ。
　　　　　　　　　　　　　　　　　(책을 읽지 않는다라고 한다.)

　　　　·형용사 「よい」: 天気がよい → 天気がよいそうだ。
　　　　　　　　　　　　　　　　　(날씨가 좋다라고 한다.)

13　비유, 불확실한 단정, 예시의 조동사 「ようだ」

13-1. 비유, 불확실한 단정, 예시의 조동사 「ようだ」의 의미용법

(1) 의미 : 비유, 불확실한 단정, 예시의 3가지 뜻이 있다.

(2) 비유, 불확실한 단정, 예시의 조동사 「ようだ」의 활용
　· 동사, 형용사, 형용동사의 연체형에 붙는다.
　· 조사 「の」에 붙는다.
　· 연체사(この、その、あの、どの、例の)에 붙는다.

となりの部屋にだれかいるようだ。(옆방에 누군가 있는 것 같다.)

미연형 : となりの部屋にだれかいる<u>ようだろう</u>。

(옆방에 누군가 있<u>는 것이겠지</u>.)

연용형 : となりの部屋にだれかいる<u>ようだった</u>。

(옆방에 누군가 있<u>는 것 같았다</u>.)

となりの部屋にだれかいる<u>ようである</u>。

(옆방에 누군가 있<u>는 것 같다</u>.)

となりの部屋にだれかいる<u>ようになる</u>。

(옆방에 누군가 있<u>는 것 같이</u> 되다.)

종지형 : となりの部屋にだれかいる<u>ようだ</u>。

(옆방에 누군가 있<u>는 것 같다</u>.)

연체형 : となりの部屋にだれかいる<u>ような</u>気がする。

(옆방에 누군가 있<u>는 것 같은</u> 기분이 든다.)

가정형 : となりの部屋にだれかいる<u>ようならば</u>、

(옆방에 누군가 있<u>는 것 같으면</u>,)

명령형 : 없음

❖ 비유, 불확실한 단정, 예시의 조동사 「ようだ」의 활용표

기본형	미연형	연용형	종지형	연체형	가정형	명령형
ようだ	ようだろ	ようだっ ようで ように	ようだ	ような	ようなら	없음
중요 용법	「う」에 이어짐	「た」「ある」 「なる」에 이어짐	끝마침	「체언」에 이어짐	「ば」에 이어짐	없음

13-2. 한일 양언어의 대조

となりの部屋にだれかいる<u>ようだ</u>。(옆방에 누군가 있는 <u>것 같다(듯하다)</u>.)

▶ 「(-ㄴ/-ㄹ) 것 같다」, 「(-ㄴ/-ㄹ) 듯하다」
   (-ㄴ/-ㄹ): 관형사형전성어미(冠形詞形転成語尾)
   -것: 의존명사(依存名詞)
   -같다: 형용사(形容詞)
   -듯하다: 보조형용사(補助形容詞)

　일본어의 비유, 불확실한 단정, 예시의 조동사 「ようだ」는 한국어의 보조용언 중 추측 보조형용사(推測 補助形容詞) '-듯하다, (듯)-싶다' 및 형용사 '-것 같다'와 대응 관계를 이루고 있음을 알 수 있다.

14 　단정의 조동사 「だ」

14-1. 단정의 조동사 「だ」의 의미용법

(1) 의미 : 어떤 사정이나 긍정적인 판단을 나타낸다.

(2) 단정의 조동사 「だ」의 활용

• 명사 및 조사(の、から、など、まで、やら、だけ、ばかり、ぐらい)에 붙는다.

• 미연형 「だろ」와 가정형 「なら」는 여러 말의 종지형에 붙는다.

• 모든 활용의 동사, 형용사, 동사활용형 조동사 「せる、させる、れられる」, 형용사활용형의 조동사 「ない」, 「たい」, 「らしい」, 특별한 활용의 조동사 「た」, 「ぬ」

의 종지형에 붙는다.

• 가정형「 なら」는 조동사「ます」의 종지형에도 붙는다.

これはおもしろい本<u>だ</u>。(이것은 재미있는 책<u>이다</u>.)

미연형 : これはおもしろい本<u>だろ</u>う。

　　　　(이것은 재미있는 책<u>이</u>겠지.)

연용형 : これはおもしろい本<u>だっ</u>たら読みたい。

　　　　(이것은 재미있는 책<u>이</u>라면 읽고 싶다.)

　　　　これはおもしろい本<u>で</u>ある。

　　　　(이것은 재미있는 책<u>이다</u>.)

종지형 : これはおもしろい本<u>だ</u>。

　　　　(이것은 재미있는 책<u>이다</u>.)

연체형 : これはおもしろい本<u>な</u>ので貸せません。

　　　　(이것은 재미있는 책<u>이기</u> 때문에 빌려 줄 수 없습니다.)

가정형 : これはおもしろい本<u>なら</u>(ば)いいのに。

　　　　(이것은 재미있는 책<u>이</u>면 좋겠는데.)

명령형 : 없음

❖ 단정의 조동사「だ」의 활용표

기본형	미연형	연용형	종지형	연체형	가정형	명령형
だ	だろ	だっ で	だ	な	なら	없음
중요 용법	「う」에 이어짐	「た」, 「ある」에 이어짐	끝마침	「체언」에 이어짐	「ば」에 이어짐	없음

14-2 한일 양언어의 대조

これはおもしろい本*だ*。 (이것은 재미있는 책<u>이다</u>.)

▶ 「-이다」: 서술격조사(敍述格助詞)

일본어의 단정의 조동사 「*だ*」는 한국어의 선어말어미나 보조용언과는 대응하지 않고 서술격조사 '-이다'와 거의 유사한 성격을 갖고 있다.

그리고 일본어에서 「*だ*」의 형태는 ㉠ 「かばん*だ*」와 ㉡ 「きれい*だ*」처럼 같은 모양을 가지지만 ㉠은 명사 뒤에 조동사 「*だ*」가 붙은 것이고, ㉡은 한 단어로 형용동사이다.

15 정중의 조동사 「ます」

15-1. 정중의 조동사 「ます」의 의미용법

(1) 의미 : 상대방에게 정중한 뜻을 나타낸다. 일본어에서는 일반적으로 「丁寧」라는 말을 사용한다.

(2) 일본어 정중(丁寧)의 조동사 「ます」 활용

동사 및 동사활용형의 조동사 「せる/させる, れる/られる」의 연용형에 붙는다.

毎日学校に行き<u>ます</u>。 (매일 학교에 <u>갑니다.</u>)

미연형 : 毎日学校に<u>行きません</u>。

(매일 학교에 <u>가지 않습니다.</u>)

毎日学校に行きましょう。

(매일 학교에 갑시다.)

연용형 : 毎日学校に行きました。

(매일 학교에 갔습니다.)

종지형 : 毎日学校に行きます。

(매일 학교에 갑니다.)

연체형 : 毎日学校に行きます時。

(매일 학교에 갈 때.)

가정형 : 毎日学校に行きますれば。

(매일 학교에 가면.)

명령형 : どうぞ毎日学校に行ってくださいませ。

(부디 매일 학교에 가 주십시오.)

どうかあすもまたいらっしゃいまし。

(아무쪼록 내일 또 와 주십시오.)

❖ 정중의 조동사 「ます」 활용표

기본형	미연형	연용형	종지형	연체형	가정형	명령형
ます	ませ ましょ	まし	ます	ます	ますれ	ませ まし
중요 용법	「ぬ(ん)」 「う」에 이어짐	「た」에 이어짐	끝마침	「체언」에 이어짐	「ば」에 이어짐	명령의 의미로 끝마침

15-2. 한일 양언어의 대조

毎日学校に<u>行きます</u>。(매일 학교에 <u>갑니다</u>.)

▶ 「-ㅂ니다」: 평서형종결어미(平敍形終結語尾)

    일본어의 정중(丁寧)의 조동사 「ます」는 한국어의 공손선어말어미 「-ㅂ(읍), -습」
와 대응한다고 볼 수 있는데, 보다 구체적으로는 평서형종결어미 '-ㅂ니다'로 나타내
는 것이 보다 자연스럽다고 볼 수 있을 것이다.

---

16   공손한 단정의 조동사 「です」

16-1. 공손한 단정의 조동사 「です」의 의미용법

(1) **의미** : 「だ」의 기능과 「ます」의 의미가 합해진 것으로 「だ」보다 공손한 표현이다.

(2) **공손한 단정의 조동사 「です」 활용**

- 명사 및 조사(の、から、など、まで、やら、だけ、ばかり、ぐらい…) 등에 붙
  는다.
- 형용동사 및 형용동사활용형의 조동사 「そうだ、ようだ」의 어간에 붙는다.
- 미연형 「でしょ(う)」만은 동사, 형용사, 동사활용형의 조동사 「せる、させる、
  れる、られる」, 형용사활용형의 조동사 「ない、たい、らしい」「ます、た、ぬ」
  의 종지형에 붙는다.

これが私のかばん<u>です</u>。 (이것이 나의 가방입니다.)

미연형 : これが私のかばん<u>でしょう</u>。
  (이것이 나의 가방<u>이지</u>요.)
연용형 : これが私のかばん<u>でした</u>。
  (이것이 나의 가방이었<u>습니다</u>.)
종지형 : これが私のかばん<u>です</u>。
  (이것이 나의 가방<u>입니다</u>.)
연체형 : これが私のかばん<u>です</u>ので触らないでください。
  (이것이 나의 가방<u>이</u>므로 만지지 말아 주십시오.)
가정형 : 없음
명령형 : 없음

❖ 공손한 단정의 조동사 「です」 활용표

기본형	미연형	연용형	종지형	연체형	가정형	명령형
です	でしょ	でし	です	です	없음	없음
중요 용법	「う」에 이어짐	「た」에 이어짐	끝마침	「체언」에 이어짐	없음	없음

16-2. 한일 양언어의 대조

これが私のかばんです。 (이것이 나의 가방입니다.)

▶ 「です」「-ㅂ니다」: 평서형종결어미(平敍形終結語尾)
　　「だ」「-이다」: 서술격조사(敍述格助詞)

일본어에서 「です」와 「だ」는 조동사인 데 비해, 한국어에서 그와 대응되는 말인 '-ㅂ니다'는 평서형종결어미이고, '-이다'는 서술격조사라는 것이 차이를 보인다.

즉, 일본어의 공손한 단정의 조동사 「です」는 한국어의 선어말어미나 보조용언과는 대응하지 않고 서술격조사 '-이다'와 대응관계를 이루는데, 보다 구체적으로는 정중(丁寧)의 조동사 「ます」의 의미가 더해져 있으므로 서술격조사의 경어체인 '-입니다'와 대응한다고 보는 것이 보다 자연스럽다고 볼 수 있다.

17 　과거(완료, 존재)의 조동사 「た/だ」

17-1. 과거(완료, 존재)의 조동사 「た/だ」의 의미용법

(1) **의미** : 이미 지나간 일(過去), 어떤 동작이나 사건이 완전히 끝난 사실(完了), 어떤 동작의 결과가 지금까지 계속해서 존재되고 있음을 의미한다(存在).

(2) **과거(완료, 존재)의 조동사 「た/だ」 활용** : 연용형에 붙는다. (조동사 「ぬ、う、よう、まい」에만은 붙지 않는다.)

今日は12時に学校が終わりました<u>た</u>。（오늘은 12시에 학교가 끝났습니다.）

미연형 ：今日は12時に学校が終わりました<u>た</u>ろう。

（오늘은 12시에 학교가 끝났<u>겠</u>지요.）

연용형 ： 없음

종지형 ：今日は12時に学校が終わりました<u>た</u>。

（오늘은 12시에 학교가 끝났습니다.）

연체형 ：今日12時に学校が終わっ<u>た</u>時。

（오늘 12시에 학교가 끝났을 때.）

가정형 ：今日12時に学校が終わっ<u>たら</u>(ば)。

（오늘 12시에 학교가 끝나면.）

명령형 ： 없음

❖ 과거(완료, 존재)의 조동사「た/だ」활용표

기본형	미연형	연용형	종지형	연체형	가정형	명령형
た	たろ	없음	た	た	たら(ば)	없음
중요 용법	「う」에 이어짐	없음	끝마침	「とき」에 이어짐	「ば」에 이어짐	없음

17-2. 한일 양언어의 대조

今日は12時に学校が終わりまし<u>た</u>。(오늘은 12시에 학교가 끝났습니다.)

▶ 「-았(었)」: 과거시제선어말어미(過去時制先語末語尾)

일본어의 과거(완료, 존재)의 조동사 「た(だ)」는 주로 한국어 과거시제선어말어미 '-았, -었'과 서로 대응관계를 이루고 있다. 그런데 한국어의 회상선어말어미(回想先語末語尾) '-더'와도 의미와 용법에 있어서 대응하는 경우가 있음을 알 수 있다.

그리고 일본어에서는 조동사 「た」가 과거의 뜻뿐만이 아니라 완료와 존재의 뜻도 가지게 된다. 예는 아래와 같다.

- 과거 : ご飯を食べまし<u>た</u>。(밥을 먹었습니다.)
- 완료 : 汽車が来<u>た</u>。(기차가 왔다.)
- 존재 : よく似<u>た</u>兄弟。(아주 닮은 형제.)

그런데 과거와 완료는 구별하기가 쉽지 않다. 보통 과거는 '때(時間)'에 관계하고, 완료는 '때(時間)'에 관계하지 않는다.

> ★ 「た」가 「だ」로 되는 경우
>
> 일본어의 과거(완료, 존재)의 조동사 「た」가 동사에 붙는 경우, 오단활용동사에는 그 음편형에 붙는데, 그 때 위에 오는 말의 어미 「ぎ」가 음편이 될 때(イ音便), 또는 「に」, 「び」, 「み」가 발음편(撥音便)이 될 때는 「た」가 「だ」로 된다.
>
> 〈예〉· ボートを漕い(ぎ)<u>だ</u>。(보트를 <u>저었다</u>.)
> · この本はもう読ん(み)<u>だ</u>。(이 책은 벌써 <u>읽었다</u>.)

18-1. 부정의 조동사 「ぬ/ん/ず」의 의미용법

(1) 의미 : 「ぬ」는 문어(고어)에서는 쓰이지만 구어체(회화체)에서는 거의 쓰이지 않는 말이고 「ん」은 「ません」의 형태로 표준어로 자주 쓰이고 있다. 그리고 「ず」는 「ずに」의 형태로 쓰여 지고 있으며, 그 각각의 의미들은 「ない」와 같이 부정의 뜻을 나타낸다.

(2) 부정의 조동사 「ぬ(ん、ず)」의 활용
· 동사 및 동사활용형의 조동사의 미연형에 붙는다.
· 조동사 「ます」에 붙는다.

今日はどこへも行か<u>ぬ</u>。(오늘은 어디에도 가지 <u>않는다</u>.)

미연형 : 없음

연용형 : 今日はどこへも行か<u>ず</u>に、ねている。
　　　　(오늘은 어디에도 가지 <u>않고</u> 자고 있다.)

　　　　今日はどこへも行か<u>ず</u>、たいへんこまった。
　　　　(오늘은 어디에도 가지 <u>않아</u> 매우 곤란했다.)

종지형 : 今日はどこへも行きませ<u>ん</u>(行か<u>ぬ</u>)。
　　　　(오늘은 어디에도 가지 <u>않습니다</u>(않는다).)

연체형 : 今日はどこへも行か<u>ぬ</u>まま<u>勉強</u>している。
　　　　(오늘은 어디에도 가지 <u>않은</u> 채 공부하고 있다.)

가정형 : 今日はどこへでも行か<u>ね</u>ばならぬ。
　　　　(오늘은 어디라도 가지 <u>않으</u>면 안 된다.)

명령형 : 없음

❖ 부정의 조동사 「ぬ(ん、ず)」의 활용표

기본형	미연형	연용형	종지형	연체형	가정형	명령형
ぬ(ん)	없음	ず	ぬ(ん)	ぬ(ん)	ね	없음
중요 용법	없음	「に」에 이어짐	끝마침	「とき」에 이어짐	「ば」에 이어짐	없음

18-2. 한일 양언어의 대조

今日はどこへも行かぬ。(오늘은 어디에도 안 간다.(가지 않는다(아니하다.)))

▶ 「안 간다」: 부정부사(否定副詞) '안' + 동사(動詞)
「-지 아니하다(않는다)」: 보조적 연결어미(補助的連結語尾) + 보조용언(補助形容詞, 否定補助動詞)

한국어에서는 부정보조형용사, 부정보조동사에 '못하다'를 넣고 있으나, 일본어의 「ない/ぬ」와 대응시키기에는 일반적이지 못한 면이 있다. '좋지 못하다', '맑지 못하다' 와 같은 형용사의 경우에는 단순히 그렇지 않은 상태로 해석되나, '읽지 못하다'와 같은 동사의 경우에는 능력이 미치지 못함을 나타내는 '능력 부정'으로 해석되기 때문 이다. 그래서 일본어의 부정의 조동사 「ない/ぬ」와 대응하는 한국어 표현으로는 위와 같이 구별해서 판단해야 할 것으로 생각된다. 그리고 가능의 조동사와 함께 하는 경우 는 「食べられない」와 같이 "먹을 수 없다"로 해석될 수도 있다. 그리고 일본어에서는 용언 앞에 부정사(不定詞)가 오지 못하므로, 일본어에서는 부정부사(否定副詞) + 동사 (動詞)의 형태가 없음에 주의해야 할 것이다.

19-1. 추량, 의지, 권유의 조동사 「う/よう」의 의미용법

(1) **의미** : 말하는 사람의 추량, 의지, 권유의 뜻을 나타낸다.

(2) 「う」의 활용

- 오단활용동사의 미연형에 붙는다.
- 형용사와 형용동사의 미연형에 붙는다.
- 형용사활용형의 조동사 「ない、たい」의 미연형에 붙는다.
- 형용동사활용형의 조동사 「そうだ、ようだ、だ」의 미연형에 붙는다.
- 특별한 활용형의 조동사 「だ、ます、です」의 미연형에 붙는다.

A : この仕事は約束どおり今日中やってしまおう。[의지]

　　 (이 일은 약속대로 오늘 안으로 해 버리자.)

B : 明日は雨が降ろう。[추량]

　　 (내일은 비가 내리겠지.)

C : 金君、一緒に学校へ行こう。[권유]

　　 (김 군, 함께 학교에 가자.)

　　미연형 : 없음

　　연용형 : 없음

　　종지형 : よし、これからはしっかりやろう。(의지)

　　　　　 (좋아, 지금부터는 똑바로 하자.)

　　　　　 おそらくだれも来ないだろう。(추량)

　　　　　 (아마 아무도 오지 않겠지.)

この調子ではあすも天気がよかろう。(추량)

(이 상태라면 내일도 날씨가 좋겠지.)

연체형 : ぼくが行こうものならたいへんなことになる。(의지)

(내가 가려고 한다면 큰일이다.)

そんなことはあろうはずがない。(추량)

(그런 일은 있을 턱이 없다.)

가정형 : 없음

명령형 : 없음

❖ 추량, 의지, 권유의 조동사 「う」의 활용표

기본형	미연형	연용형	종지형	연체형	가정형	명령형
う	없음	없음	う	(よう)	없음	없음
중요 용법	없음	없음	끝마침	「とき」에 이어짐	없음	없음

(3)「よう」의 활용

A : あんないやな男と付き合うのはやめよう。[의지]

(저런 나쁜 남자와 교제하는 것은 그만두자.)

B : あの学生なら、これくらいの問題はできよう。[추량]

(저 학생이라면 이 정도의 문제는 할 수 있겠지.)

C : 一緒にテレビを見よう。[권유]

(함께 텔레비전을 보자.)

미연형 : 없음

연용형 : 없음

종지형 : 今度は僕が投げ<u>よう</u>。(의지)

（이번엔 내가 던지<u>자</u>.）

僕が起きなくても誰かが起き<u>よう</u>。(추량)

（내가 일어나지 않더라도 누군가가 일어날 <u>것이다</u>.）

연체형 : これを捨て<u>よう</u>はずがありません。(의지)

（이것을 <u>버릴려고 할</u> 리가 없습니다.）

僕がそれを見<u>よう</u>わけがない。(의지)

（내가 그것을 <u>보려 할</u> 이유가 없다.）

가정형 : 없음

명령형 : 없음

❖ 추량, 의지, 권유의 조동사 「よう」의 활용표

기본형	미연형	연용형	종지형	연체형	가정형	명령형
よう	없음	없음	よう	（よう）	없음	없음
중요 용법	없음	없음	끝마침	「とき」에 이어짐	없음	없음

19-2. 한일 양언어의 대조

ㄱ 의지 : 君にこの本をあげ<u>よう</u>。(자네에게 이 책을 주<u>겠</u>다.)

ㄴ 권유 : みんなで歌を歌お<u>う</u>よ。(모두 노래를 부르<u>자</u>.)

ㄷ 추량 : あしたは雨が降るでしょ<u>う</u>。(내일은 비가 내리<u>겠</u>지.)

▶ ㄱ 「-겠-」: 추측선어말어미(推測先語末語尾)

ⓛ 「-자」: 청유형 종결어미(請誘形 終結語尾)

ⓒ 「-겠-」: 미래시제선어말어미(未来時制先語末語尾)

　일본어의 추량, 의지, 권유의 조동사 「う/よう」는 한국어의 선어말어미 「-겠」과 추량보조 형용사 '-듯하다, -(듯)싶다'와 대응관계를 갖지만, 일반적으로는 한국어의 '-ㄹ 것이다'로 해석하는 것이 훨씬 자연스러운 경우도 있다.

20　부정 추량의 조동사 「まい」

20-1. 부정 추량의 조동사 「まい」의 의미용법

(1) **의미** : 말하는 사람의 의지를 부정하는 뜻과 부정을 내포한 추량의 뜻을 함께 나타낸다.

(2) 「まい」의 활용

- 오단활용동사 종지형에 붙는다.
- 상일단, 하일단, サ행변격, カ행변격동사의 종지형에 붙는다.
- 조동사 「ます」의 종지형에 붙는다
- 동사활용형의 조동사 「せる、させる、れる、られる」의 미연형에 붙는다.

A : 君には何も言う<u>まい</u>。
　　(너에게는 아무것도 말하지 <u>않겠다</u>.)

B : 明日は雨は降る<u>まい</u>。
　　(내일은 비는 내리지 <u>않을 것이다</u>.)

미연형 : 없음

연용형 : 없음

종지형 : 十一時前には寝まい。

(11시전에는 자지 <u>않겠다</u>.)

まだ遠くへは行く<u>まい</u>。

(아직 멀리는 가지 <u>않았겠지</u>.)

연체형 : 都合によって来<u>まい</u>こともないだろう。

(사정에 따라서(는) 오지 <u>않을</u> 수도 없지(는) 않겠지.)

가정형 : 없음

명령형 : 없음

❖ 부정 추량의 조동사 「まい」의 활용표

기본형	미연형	연용형	종지형	연체형	가정형	명령형
まい	없음	없음	まい	まい	없음	없음
중요 용법	없음	없음	끝마침	「とき」에 이어짐	없음	없음

20-2. 한일 양언어의 대조

㉠ 雨は降る<u>まい</u>。 (비는 내리지 <u>않을</u> 것이다.)

㉡ あの店には二度と行く<u>まい</u>。 (저 가게에는 두 번 다시 가지 <u>않겠다.(말아야지)</u>)

▶ 「-지 않을 것이다(않겠다)」

「-지」: 보조적 연결어미(補助的 連結語尾)

「–겠」: 미래시제선어말어미(未来時制先語末語尾)

「–않다」: 보조형용사(補助形容詞)

「–ㄹ(을)」: 관형사형 전성어미(冠形詞形転成語尾)

「–것」: 의존명사(依存名詞)

「–이다」: 서술격조사(敍述格助詞)

일본어의 ㉠과 ㉡의 「まい」은 각각 부정추량과 부정의지의 뜻이다. 부정추량의 조동사 「まい」는 한국어의 어미와 기타 보조용언, 용언, 서술격조사 등과 같은 복합어에 의미적으로 대응됨을 볼 수 있다. 일반적으로 일본어에서 부정추량을 나타낼 때는 「まい」보다 「ないだろう」를 많이 쓴다.

❖ 일본어 조동사의 분류와 한국어와의 대응관계

대응한국어 일본어 조동사	선어말어미	보조용언		기타 표현방법
		보조동사	보조형용사	
사역 (せる/させる)	–이, –히, –리, –기, –우	–하다, –만들다, –시키다, –하게 하다		
피동 (れる/られる)	–이, –히, –리, –기	–지다, –되다, –받다, –당하다		
가능 (れる/られる)	–겠	–되다, –받다, –당하다		
자발 (れる/られる)	–히, –기	–되다(지다)		
존경 (れる/られる)	–시, –(으)시			
부정 (ない,ぬ(ん),ず)		–지 않는다		

희망(たい)			−싶다	
추량 (う,よう,らしい)	−겠		−듯하다, −듯싶다	−ㄹ 것 같다
양태, 비유 (そうだ,ようだ)	−겠		−듯하다, −듯싶다	−ㄹ 것 같다
전문 (そうだ)				−라고 한다
단정 (だ、です)				敍述格助詞 −이다
정중(丁寧) (ます)	−ㅂ(읍), −습			−ㅂ니다
과거(た/だ)	−았, −었, −더			
부정추량(まい)	−겠		−듯하다, −듯싶다	아니하다/않다

10

조사

조사의 정의

1-1. 일본어 조사의 정의

일본어에 있어서 조사(助詞)란, 용언이나 체언 또는 다른 말에 붙어 여러 가지 관계를 나타내거나 뜻을 첨가해 주는 품사이다. 조사는 부속어로서 활용이 없고, 말과 말이 어떤 관계에 있는지를 나타내거나 말에 어떤 의미를 덧붙이는 역할을 한다. 자립어와 다른 말과의 관계를 나타내는 것으로는 격조사(格助詞)와 접속조사(接続助詞)가 있고, 자립어에 어떤 일정한 의미를 첨가하는 것으로는 부조사(副助詞)와 종조사(終助詞)가 있다.

1-2. 한국어 조사의 정의

한국어에 있어서 조사(助詞)란, 주로 체언 뒤에 붙어서 다양한 문법적 관계를 나타내거나 의미를 첨가하는 의존형태소(依存形態素)이므로 관계언(関係言)이라고 한다. 그리고 자립성은 없으나 분리성은 있는 형식형태소(形式形態素)로서의 단어이다. 한국어의 조사는 일반적으로 활용하지 않으나 서술격조사(敍述格助詞) '이다'만은 활용을 한다. 그리고 주로 체언에 접속하나 체언 외의 부사, 부사격조사, 연결어미, 다른 조사 등과도 결합한다. 그러나 보조사(補助詞)는 관형사에는 붙지 못하고, 부사나 용언 아래에서도 쓰인다. 한국어 조사의 종류에는, 격조사와 보조사가 있다.

1-3. 한일 양언어의 대조

한일 양언어의 조사는 모두 부속어로서 조사 그 자체만으로는 문절을 만들 수 없으며, 항상 자립어에 붙어서 문절을 만들며, 단어와 단어와의 관계를 나타내기도 하고,

단어에 어떤 의미를 더해 주기도 하는 점에서 거의 유사한 성격을 갖고 있다고 볼 수 있다. 그리고 양언어의 조사는 활용이 없는 점에서 일치된 성격을 갖고 있으나, 한국어의 서술격조사(敍述格助詞) '이다'는 특별히 활용을 한다.

2 조사의 분류

2-1. 자립어와 다른 말과의 관계를 나타내는 것

자립어와 다른 말과의 관계를 나타내는 조사 중에는, 한일 양언어의 격조사(格助詞)는 거의 유사한 면을 갖고 있으나, 일본어의 접속조사(接續助詞)와 대응하는 한국어의 조사는 찾아볼 수 없다. 즉 일본어의 접속조사는 주로 한국어의 연결어미(連結語尾)와 대응하고 있음을 알 수 있다.

분류	일본어	한국어
격조사	が, の, を, に, へ 등	주격, 목적격, 관형격, 부사격, 보격, 호격, 서술격
접속조사	ば, と, から, のに 등	없음(연결어미와 대응)

2-2. 자립어에 일정한 의미를 첨가하는 것

자립어에 일정한 의미를 첨가하는 조사에는 일본어의 부조사(副助詞)와 한국어의 보조사(補助詞)가 있으며 서로 거의 유사한 면을 갖고 있다고 볼 수 있다. 그러나 일본어의 종조사(終助詞)에 대응하는 한국어의 조사는 찾아볼 수 없다. 즉 일본어의 종조사는 주로 한국어의 종결어미(終結語尾)와 대응하고 있음을 알 수 있다.

분류	일본어	한국어
부조사 (보조사)	か, こそ, は, も 등	'만, 도, 조차, 은/는, 부터, 까지, 라도, (이)나마, 밖에, 치고, 마다, 야말로'
종조사	か, よ, ね, わ, な 등	없음(종결어미와 대응)

2-3. 한일 양언어의 대조

한일 양언어의 조사의 분류를 정리하면 다음의 표와 같다. 즉 한일 양언어의 격조사는 거의 유사한 의미용법과 기능을 갖고 있는 데 비해, 일본어의 접속조사와 종조사는 주로 한국어의 연결어미 및 종결어미와 대응관계를 이루고 있음을 알 수 있다. 그리고 일본어의 부조사는 한국어의 보조사와 거의 유사하다고 볼 수 있다.

분류기준	자립어와 다른 말과의 관계를 나타냄		자립어에 어떤 일정 의미를 더함	
종류	격조사	접속조사	부조사	종조사
예	が、の、を、に、へ、から、と、より、で、や	ば、と、から、ても(でも)、けれど(も)、が、のに、ので、し、て(で)、ながら、たり	は、も、こそ、さえ、でも、しか、だって、まで、ばかり、だけ、ほど、くらい(ぐらい)、きり、など、なり、やら、か	か、な、な(あ)、ぞ、よ、の、わ、や、ね(え)、さ
접속	주로 체언	용언, 조동사	모든 품사	모든 품사
쓰임	일정자격 부여	앞뒤 말 연결	격조사 역할대신, 의미 부여	의문, 금지, 감동, 강조 등의 의미 부여
한국어와 대응관계	격조사	연결어미	보조사	종결어미

3 격조사

3-1. 일본어의 격조사

일본어의 격조사(格助詞)는 어떤 말이, 다른 말에 대해 어떠한 자격을 가지고 있는지를 나타내는 것이다. '격조사'의 '격(格)'은 '자격(資格)'의 '격'이다. 일본어 격조사의 '격(格)'에는 다음과 같은 것들이 있다.

(1) 주격 : 주어의 자격을 나타낸다.

〈예〉· 雨が 降る。
· 天気の よい 時が よい。

(2) 수식격 : 다른 말을 수식하는 자격을 나타낸다.

(가) 연체수식격(連体修飾格)

〈예〉· ぼくの 家の となりは 本屋です。

(나) 연용수식격(連用修飾格)

〈예〉· 学校に 行く 途中 橋を 渡る。

(3) 동격 : 대등의 자격을 나타낸다.

〈예〉· りんごと がきと どとらが すきですか。

① が : 주어를 나타낸다.

〈예〉· 風が 吹く。(바람이 분다.)
· 空が 青い。(하늘이 푸르다.)

・目が きれいだ。(눈이 예쁘다.)

・遠くに 見えるのが 学校だ。(멀리 보이는 것이 학교다.)

★ 목적어를 나타내는 조사 「が」의 용법

ⓐ 上手だ、苦手だ、下手だ、得意だ、うまい(능력을 나타내는 형용사, 형용동사)

  －誰が英語が上手ですか。(누가 영어를 잘합니까?)

ⓑ 好きだ、嫌いだ、ほしい、こわい(내부감정을 나타내는 형용사, 형용동사)

  －ぼくはお金がほしい。(나는 돈이 필요하다.)

ⓒ 動詞＋たい

  －ぼくは映画が(を)みたい。(나는 영화를 보고 싶다.)

ⓓ できる、れる・られる(가능을 나타내는 동사, 가능조동사)

  －誰が日本語ができるか。(누가 일본어를 할 수 있니?)

ⓔ 分かる、見える、聞こえる(타인의 의지에 의한 감각동사)

  －あなたは日本語が解りますか。(당신은 일본어를 압니까?)

ⓕ ある、要る(소유, 필요를 나타내는 동사)

  －あなたがお金があることはみんなが知っている。(당신이 돈이 있는 것은 모두 알고 있다.)

---

② の

㉠ 体言을 수식한다.

  〈예〉・ぼくの 家。(나의 집)

    ・友人の 山田。(친구인 山田)

㉡ 주어를 나타낸다.

  〈예〉・風の 吹く 晩だった。(바람이 부는 밤이었다.)

㉢ 체언의 자격을 가진다.

  〈예〉・これが 私のです。(이것이 내 것입니다.)

★ 일본어 격조사 「の」와 유사한 의미를 가진 한국어는 관형격 조사 '의'이다. 그러나 「の」가 '의'와 대응이 될 때는 「の」가 체언을 수식하는 경우이고, 「友人の 山田－동격」 「金の 指輪－재료」에서와 같이, '의'에는 동격으로 쓰이거나 수식하는 말의 재료 등을 나타내는 의미는 없다. 뿐만 아니라 「の」가 체언의 자격을 가지는 경우에도 한국어의 '의'와는 대응되지 않으며, 이런 경우는 '-것'과 대응됨을 알 수 있다. 한편, 「の」가 주어를 나타낼 경우는, 그 「の」를 포함한 주어와 그것을 받는 술어가, 바로 뒤의 체언을 수식하는 경우뿐이고, 그 술어로 문장이 끝나는 경우에는 사용하지 않는다.

③ を

㉠ 동작의 목적물을 나타낸다.

〈예〉・字を書く。(글을 쓰다.)

・弟を行かせる。(남동생을 가게 하다.)

★ 한국어로는 「을/를」이 쓰이지만, 일본어 「を」와 대응되지 않는 경우

・遠足に行きます。(소풍을 갑니다.)
・母に似ている。(엄마를 닮았다.)
・電車に乗る。(전철을 타다.) 友だちに会う。(친구를 만나다.)
・科学の発展のために。(과학의 발전을 위하여)

㉡ 경과하는 장소나, 「から」의 의미를 나타낸다.

〈예〉・道を走る。(길을 달리다.)

・席を離れる。(자리를 떠나다.)

④ に

　㉠ 장소나 시간을 나타낸다.

　　〈예〉・海に近い。(바다에 가깝다.)

　　　　・六時に起きる。(여섯시에 일어나다.)

　㉡ 귀착하는 곳을 나타낸다.

　　〈예〉・向う岸に届いた。(저쪽 해안에 닿았다.)

　㉢ 변화한 결과를 나타낸다.

　　〈예〉・水が湯になる。(물이 뜨겁게 되다.)

　㉣ 동작의 목적을 나타낸다.

　　〈예〉・本を買いに行く。(책을 사러 가다.)

　㉤ 피동의 경우에는 동작의 주체를, 사동인 경우에는 동작의 대상을 나타낸다.

　　〈예〉・先生にしかられる。(선생님에게 야단맞다.)

　　　　・馬に運ばせる。(말로 옮기게 하다.)

⑤ へ

　㉠ 방향을 나타낸다.(−으로)

　　〈예〉・東へ、東へと進む。(동으로 동으로 나아간다.)

　㉡ 帰着하는 곳을 나타낸다.

　　〈예〉・目的地に着く。(목적지에 도착하다.)

★「へ」와「に」의 차이

　〈예〉・学校に行きます。(장소)=「来る」「帰る」「戻る」

　　　・学校へ行きます。(방향)=「行く」「向かう」「進む」

「へ」가 ⓛ와 같은 의미일 때 「に」로도 그 의미가 통하는데, 이런 경우의 「に」와 「へ」의 차이라면 「に」는 주로 동작이 진행되어 끝나는 곳을 나타내는 어감이 강하고, 「へ」는 주로 동작이 진행되는 과정의 장소를 나타내는 어감이 강한 데 있다. 따라서 '목적지에 다다른다.' '일본에 닿는다.' '의자에 앉다.'와 같은 경우에는 「目的地に達する。」「日本に着く。」「椅子にかける。」라고 하고, 「目的地へ達する。」「日本へ着く。」「椅子へかける。」라고는 하지 않는다.

⑥ と

㉠ 「…と一緒に」의 의미를 나타낸다.

〈예〉・友だちと出かける。(친구와 외출하다.)

ⓛ 작용의 결과를 나타낸다.

〈예〉・文学者となる。(문학자가 되다.)

ⓒ 동작의 대상을 나타낸다.

〈예〉・先生と会う。(선생님과 만나다.)

㉣ 병렬을 나타낸다.

〈예〉・商店ではりんごとなし(と)を売っている。(상점에서는 사과와 배를 팔고 있다.)

ⓜ 비교의 대상을 나타낸다.

〈예〉・君の方法はぼくのとちがう。(너의 방법은 나의 것과 다르다.)

ⓗ 인용문의 뒤에 연결된다. (이 경우, 인용문 전체가 체언과 같은 자격을 가진다.)

〈예〉・ぼくは「明日は必ず行きます。」と答えた。

(나는 "내일은 반드시 갑니다."라고 대답했다.)

⑦ **から**

㉠ 동작의 기점을 나타낸다.

〈예〉・今日から新学期が始まる。(오늘부터 신학기가 시작된다.)

・ぼくから伝えます。(내가 전합니다.)

・学校から帰る。(학교에서 돌아오다.)

㉡ 어떤 범위, 순번 등의 기준을 나타낸다.

〈예〉・ここから前には出るな。(여기부터 앞에는 나가지 말아라)

・今日から三日間。(오늘부터 3일간)

⑧ **より**

㉠ 비교의 기준을 나타낸다.(「より」다음에「ほか」를 넣으면 의미가 통하지 않음)

〈예〉・英語より(ほかに×)数学がすきだ。(영어보다 수학을 좋아한다.)

・花よりも(ほかに×)美しい。(꽃보다도 예쁘다.)

㉡ 한정하는 의미를 나타낸다.

(뒤에는 부정의 말이 온다.「ほか」를 넣어도 의미가 통함)

〈예〉・手術するより(ほかに○)方法がない。(수술하는 수밖에 방법이 없다.)

⑨ **で**

㉠ 수단이나 재료를 나타낸다.「…によって」와 같은 의미.

〈예〉・万年筆で書く。(만년필로 쓰다.)

・紙で作る。(종이로 만들다.)

㉡ 장소를 나타낸다.「…において」와 같은 의미.

〈예〉・公園で遊ぶ。(공원에서 놀다.)

ⓒ 원인, 이유를 나타낸다. 「…のために」와 같은 의미.

　　〈예〉·病気で苦しむ。(병으로 고생하다.)

　ⓔ 동작이 행해지는 시간적 관계를 나타낸다.

　　〈예〉·一週間で終わる。(일주일로서 끝나다.)

⑩ や : 병렬의 의미를 나타낸다

　〈예〉·あれやこれやを買い求める。(저것과(이랑) 이것(이랑)을 사길 원한다.)

3-2. 한국어의 격조사

　한국어의 격조사(格助詞)는 앞에 오는 체언이 문장 안에서 일정한 자격을 하도록 해 준다. 일정한 자격이란 주어, 목적어, 보어, 관형어, 부사어, 독립어, 서술어로서의 자격을 뜻한다. 따라서 한국어 격조사 중에서 서술격조사(敍述格助詞)와 호격조사(呼格助詞)는 일본어의 격조사 범위에 포함되지 않는다.

① 주격조사 : 이/가, 에서, 께서

　주격조사(主格助詞)는 체언에 주어의 자격을 주는 조사이다. 주격조사에는 높임의 '께서', 단체의 '에서' 등 특수한 형태가 많다.

　　〈예〉·철수가 잔다.

　　　　·아버지께서 진지를 드십니다. 〈높임〉

　　　　·우리 학교에서 응원상을 받았다. 〈단체〉

② 목적격조사 : 을/를

　목적격조사(目的格助詞)는 선행하는 명사로 하여금 후행하는 타동사의 목적어가 되게 하는 것이다.

〈예〉·나는 국어를 사랑한다.

③ 보격조사 : -이/가

보격조사(補格助詞)는 형태상으로는 보편적 주격조사와 차이가 없다. 서술격조사의 부정어인 형용사 '아니다'와 동사 '되다'의 지배를 받는 '이/가'가 보격조사이다.

〈예〉·나는 학생<u>이</u> 된다.

④ 서술격조사 : -이다

'이다'가 서술격조사(敍述格助詞)이다. 이는 체언으로 하여금 주어의 내용을 지정·서술하는 기능을 갖도록 해 준다.

〈예〉·나는 학생<u>이다</u>.

⑤ 관형격조사 : -의

관형격조사(冠形格助詞)는 선행하는 체언으로 하여금 후행하는 체언에 대해 관형어가 되게 하는 기능을 갖고 있다.

〈예〉·선생님<u>의</u> 사랑은 한이 없다.

⑥ 부사격조사 : -에, -에서, -에게, -한테, -더러, -로부터, -에게서, -한테서,
       -에게로, -한테로, -로(써), -처럼, -만큼, -보다, -와, -로, -
       라고,

부사격조사(副詞格助詞)는 그것이 붙는 체언이 부사어가 되도록 하는 것인데, 형태가 많고 그 의미가 다의적이다.

〈예〉· 영수는 집에 있다.(처소 : 낙착점 - ~에, 에게, 한테, 께, 더러 등)

· 그것은 부산에서 가져 왔다.(처소 : 출발점 - ~에게서, 한테서, 로부터)

· 어디로 가십니까.(처소 : 지향점 - ~에게로, 한테로)

· 칼로(써) 사과를 깎아라.(도구)

· 배꽃의 희기가 눈과 같다.(비교의 대상 - ~처럼, 만큼, 보다)

· 나와 같이 가지 않겠니?(동반)

· 뽕밭이 바다로 바뀌었군!(변화)

· "이리 오너라"라고 아버지가 말씀하신다.(인용)

· 철수는 학교에서 열심히 공부한다.(처소 : 동작)

⑦ 호격조사 : -아/야/이여

'야'는 선행하는 체언을 부름의 자리에 놓이게 하여 독립어가 되도록 하는데, 이를 호격조사(呼格助詞)라고 한다.

〈예〉· 영희야 놀자!

3-3. 한일 양언어의 대조

첫째, 한일 양언어의 격조사는 체언에 붙어 격(格)을 갖게 하는 공통적 성질이 있다. 그러나 일본어에서는 앞·뒤의 단어를 같은 자격으로 나타내는 것을 격의 한 종류로 보고 있지만, 한국어의 경우는 앞·뒤의 단어를 같은 자격으로 이어주는 것을 격조사 가 아닌 접속조사로서 그 분류를 달리하고 있다. 그리고 한국어의 경우는 존경의 특별 한 격조사 '께, 께서'가 존재하여, 높임의 접미사 '-(으)시'와 호응하여 존대법이 성립 되지만, 일본어의 경우는 조사가 경어에 미치는 영향이 없으므로, 문맥의 의미를 파악 하여 한국어로 옮겨야 한다.

둘째, 한국어의 격조사는 부사격조사에서 다양한 모습과 의미를 보이고 있기는 하지만, 전체적으로 보아 일본어의 격조사는 한국어보다 사용 범위가 넓다고 볼 수 있다.

셋째, 한국어의 관형격조사는 연체수식어 기능밖에 없는 반면, 일본어 「の」의 경우는 한국어보다 그 기능이 다양하다.

넷째, 보격조사에 해당하는 '아니다'와 '되다'의 표현에서 한일 양언어의 표현적 차이가 있다.

〈예〉·선생님<u>의</u> 되다. : 先生<u>に</u>なる。
　　·친구<u>가</u> 아니다. : 友だち<u>で</u>ない。

다섯째, '이다'는 한국어에서는 서술격조사이지만, 이에 대응하는 일본어의 「だ」는 조동사에 해당한다.

여섯째, 한국어의 격조사 '의'는 대부분 생략할 수 있지만, 이에 대응하는 일본어의 「の」는 특수한 경우를 제외하고는 생략할 수 없다.

★ **격조사의 생략 가능**

· 그 사람(이) 무슨 책(을) 읽었니? (주격과 목적격)

· 어디(로) 가세요? (부사격)

· 동굴(의) 입구 (관형격)

· 넌 중학생(이고), 난 고등학생이다. (서술격)

---

4 접속조사

4-1. 일본어의 접속조사

　일본어의 접속조사(接続助詞)는 용언 또는 체언에 붙어서 앞뒤의 말을 이어주는 역할을 하는 조사로서, 앞・뒤의 말 또는 문장이 어떠한 관계로 이어지느냐에 따라, 다음 3종류로 나눠볼 수 있다.

(1) 순접 : ば・と・ので・から

　앞・뒤 말 또는 문장의 관계가 당연한 원인・결과로 되어있다. 앞에 일어난 사건이 있으면 당연히 뒤의 일이 일어난다는 관계이다.

　　〈예〉・雨が降った<u>ので</u>道が悪い。(비가 왔<u>으므로</u> 길이 나쁘다.)

(2) 역접 : ても(でも)・けれど(も)・が・のに

　문장의 앞뒤 관계가 반대의 내용을 형성한다.

　　〈예〉・春になった<u>が</u>まだ寒い。(봄이 되었<u>지만</u> 아직 춥다.)

(3) 순접・역접 어디에도 해당되지 않는 것으로 다음과 같은 것이 있다.

・앞・뒤의 일이 동시에 일어나는 관계 : ながら

　　〈예〉・あの人はいつも新聞を読み<u>ながら</u>ご飯をたべます。
　　　　　(저 사람은 언제나 신문을 읽<u>으면서</u> 밥을 먹습니다.)

・병렬의 관계 : し・たり(だり)

　　〈예〉・この花は色もきれいだ<u>し</u>、匂いもいい。

(이 꽃은 색도 예쁘고, 향기도 좋다.)

　　　・見たり聞いたりしたことを作文に書いてご覧なさい。

　　　(보거나 들은 것을 작문으로 써보시오.)

・앞뒤의 문장이 순서에 따라 접속되는 관계 : て

　〈예〉・歌って、踊って楽しく過しましょう。

　　　　(노래하고 춤추며 즐겁게 보냅시다.)

① ば

　　㉠ 순접의 가정 조건을 나타낸다.

　　　〈예〉・雨が降れば中止する。(비가 내리면, 중지하겠다.)

　　㉡ 앞 문장의 조건이 있으면 반드시 뒤의 일이 일어남을 의미한다.(확정적 조건)

　　　〈예〉・冬になれば、寒くなる。(겨울이 되면, 추워진다.)

　　　　　・十を五で割れば、二になる。(10을 5로 나누면, 2가 된다.)

　　㉢ 병렬의 의미를 나타낸다.(전후에 「も」가 붙는다.)

　　　〈예〉・運動もできれば成績もよい。(운동도 잘 하거니와, 성적도 좋다.)

　　　　　・野球もうまければテニスもうまい。(야구도 잘하고, 테니스도 잘한다.)

> ★ 「ば」의 의미로 대표되는 것은 조건을 나타내는 것이다. 따라서 일본어의 접속조사 (接續助詞) 「ば」는, 한국어에서 뒷 절의 행동 내용 또는 사실에 대한 조건을 나타내는 연결어미 「-면/-으면」에 대응될 수 있다. 그러나 한국어의 연결어미(連結語尾) 「-면/-으면」에는 병렬의 의미를 나타내는 용법은 없다. 따라서 「ば」의 ㉢과 같은 의미는, 한국어에서 두 가지 이상의 대등한 사실을 나열함을 나타내는 대등적 연결어미 「-고」, 「-거니와」에 대응될 수 있다.

② と

㉠ 순접의 가정조건을 나타낸다.(-하면, -한다면)

〈예〉・もう少し行く<u>と</u>右にある。 (조금만 더 가면 오른쪽에 있다.)

㉡ 앞 문장의 조건이 있으면, 반드시 뒤의 일이 일어남을 나타낸다.(확정적조건)

〈예〉・春になる<u>と</u>、暖かくなる。 (봄이 되면, 따뜻해진다.)

㉢ 어떤 일이 일어났을 때 재빨리 인지하는 것을 나타낸다.

〈예〉・家に帰る<u>と</u>だれもいなかった。 (집에 돌아가니, 아무도 없었다.)

㉣ 어떤 사실을 가정하여 그것에 구애받지 않음을 나타낸다.(「~とも」의 의미)

〈예〉・どうなろう<u>と</u>ぼくには関係がない。 (어떻게 되든 나와는 상관없다.)

★ 「と」와 「ば」의 차이

〈예〉・春になる<u>と</u>桜が咲く。
・春になれ<u>ば</u>暖かくなる。

앞 문장의 「と」는 일반적인 사실을 사실로서 진술하고 있는, 항시적 사실을 나타내는 표현이다. 따라서 「と」는 주로 확정적 조건의 뜻으로 많이 쓰이고, 객관성이 강하다. 이에 대해 뒷 문장의 「ば」는 「今は寒いけど」라는 「今」와 「春」를 대비시키는 표현이다. 「ば」는 이처럼 대비를 나타내는 경향이 강하고, 주로 가정적 조건의 뜻으로 많이 쓰이며 주관성이 강하다.

★ 격조사 「と」와 접속조사 「と」의 구별

〈예〉・駅まで来る<u>と</u>汽車が出た。
・君も来る<u>と</u>言ったではないか。

앞 문장의 「と」는 내용을 나타내는 접속조사이고, 뒷 문장의 「と」는 용언의 종지형을 받는 격조사이다.

---

③ **から** : 주관적 원인·이유를 주로 나타낸다.

〈예〉·寒い<u>から</u>コートを着よう。(추우니까 코트를 입자.)

★ **격조사「から」와 접속조사「から」의 구별**

　　〈예〉·学校<u>から</u>帰る。

　　　　·天気がよい<u>から</u>どこかへ行こう。

　앞의 격조사「から」는 주로 명사에 붙지만, 뒤의 접속조사「から」는 용언의 종지형에 붙는다.

---

④ **ても(でも)**

㉠ 역접의 가정조건을 나타낸다.(「たとえ…しても」)

〈예〉·いくら努力し<u>ても</u>失敗するだろう。(아무리 노력해도 실패하겠지.)

㉡ 역접의 확정조건을 나타낸다. 즉 가정이 아니라, 실제로 어떤 동작을 했지만, 생각한 결과가 생기지 않는 경우를 가리킨다. (「~にもかかわらず」)

〈예〉·どんなに読ん<u>でも</u>、意味が分からなかった。(아무리 읽어도 의미를 모르겠다.)

★ **접속조사「でも」와 형용동사의 연용형에「も」가 붙는 형과 혼동하기 쉽다.**

　　〈예〉·いくら読ん<u>でも</u>彼は振り向かなかった。

　　　　·外見は立派<u>でも</u>内容は貧弱だ。

　앞 문장의「でも」는 접속조사이고, 뒷 문장의「でも」는 형용동사의「연용형＋も」형태를 지니고 있다.

---

⑤ けれど(も)

　　㉠ 역접의 확정조건을 나타낸다.(「ても」의 ㉡와 동일)

　　　〈예〉・よく注意する<u>けれど(も)</u>失敗ばかりする。(자주 주의하여도, 실패만 한다.)

　　㉡ 대비를 나타낸다.(앞의 사실을 뒤의 사실에 비교하는 의미를 나타냄)

　　　〈예〉・成績も良い<u>けれど(も)</u>運動もできる。(성적도 좋지만, 운동도 잘한다.)

⑥ が

　　㉠ 역접의 확정조건을 나타낸다.

　　　〈예〉・雪は降る<u>が</u>、寒くない。(비가 오지만, 춥지 않다.)

　　　　　・考えた<u>が</u>わからない。(생각했지만, 모르겠다.)

　　㉡ 대비를 나타낸다.(「けれども」의 ㉡와 동일)

　　　〈예〉・雨も降る<u>が</u>、風も吹く。(비도 오지만 바람도 분다.)

　　㉢ 가벼운 경험을 나타내는데, 윗말을 아래로 이어주는 구실을 할 뿐이다.

　　　〈예〉・僕も見た<u>が</u>、とてもすばらしかった。(나도 봤지만, 정말 대단했다.)

　　　　　・国語を勉強した<u>が</u>どうしたらよいでしょう。

　　　　　(국어를 공부했는데, 어떻게 하면 좋을까요.)

⑦ のに : 역접의 확정조건을 나타낸다.(「けれど(も)」의 ㉠과 동일)

　　〈예〉・僕は勉強する<u>のに</u>弟は遊んでばかりいる。

　　　　　(나는 공부하는데, 동생은 놀고만 있다.)

　★ 접속조사 「のに」

　　「のに」에는 다음과 같은 것들이 있다. 모두 연체형에 붙어 있으므로 형태상만으로는 구별이 어렵다.

・白い<u>のに</u>赤で書く。

・この研究を完成する<u>のに</u>5年かかった。

위 문장의 「のに」는 모두 조사 「の」+ 조사 「に」이고, 「の」는 체언의 자격을 갖는 말이다. 앞의 것은 「もの」의 의미이고, 뒤의 것은 형식명사 「ため」의 의미이다.

⑧ ので : 주로 객관적 원인의 뜻을 나타내며, 논리적이고 격식 차린 말이나 글에 사용된다.

〈예〉・日曜日な<u>ので</u>学校は休む。 (일요일이기 때문에 학교는 쉰다.)

★ 접속조사 「から」와 「ので」

「から」는 조건에 대한 이유나 근거 및 주관적인 기분이 강할 경우 쓰인다. 「から」의 뒤 문장에는 추량, 의지, 요구, 명령 등의 표현이 올 수 있다.

・寒い<u>から</u>早く帰りましょう。

・熱があるのは風邪をひいた<u>から</u>です。

「ので」는 어떤 인과관계를 객관적으로 묘사하는 경우에 쓰인다. 따라서 뒤 문장에는 원칙적으로 추량, 의지, 요구, 명령 등의 표현이 올 수 없다. 그러나 이러한 경우를 제외하고는 「から」로 바꾸어 쓸 수도 있다.

・熱があった<u>ので</u>学校を休みました。

・約束があります<u>ので</u>失礼します。

⑨ し : 병렬의 의미를 나타낸다.

〈예〉・喉はかわいた<u>し</u>、おなかはすいた<u>し</u>、どうすることもできなかった。
        (목은 마르고, 배는 고프고, 어찌할 수도 없었다.)

⑩ て(で)

　　㉠ 전후를 접속한다.

　　　〈예〉·ご飯を食べて学校へ行く。(밥을 먹고 학교에 간다.)

　　㉡ 보조동사에 접속한다.

　　　〈예〉·風が吹いている。(바람이 불고 있다.)

　　㉢ 이유를 나타낸다.

　　　〈예〉·病気になって苦しんだ。(병이 나서 고생했다.)

⑪ **ながら**

　　㉠ 두 동작이 동시에 일어나는 의미를 나타낸다.

　　　〈예〉·歩きながら本を読む。(걸어가면서 책을 읽는다.)

　　㉡ 역접으로 온당치 못한 결과를 나타낸다.

　　　〈예〉·お金がありながら貸してくれない。(돈이 있으면서도 빌려 주지 않는다.)

⑫ **たり(だり)** : 병렬을 나타낸다. (「あるいは…し、あるいは…ある」)

　　　〈예〉·泣いたり笑ったりする。(울기도 하고 웃기도 한다.)

4-2. 한국어의 접속조사와 연결어미

4-2-1. 접속조사 : 와, 랑, 하고

　두 단어를 같은 자격으로 이어주는 구실을 하는 조사를 접속조사(接続助詞)라고
한다.

〈예〉· 나는 사과(와, 랑, 하고) 배를 좋아한다.

위의 예문에서 '와, 랑, 하고' "나는 사과를 좋아한다."와 "나는 배를 좋아한다."라는 문장을 서로 이어주는 구실을 하고 있다.

4-2-2. 연결어미

일본어의 접속조사에 대응하는 것이 주로 한국어의 연결어미(連結語尾)인데, 연결어미란 문장을 결합시키지 못하고 뒤에 오는 문장을 이어주는 역할을 하는 어말어미(語末語尾)를 말한다. 한국어의 연결어미는 다음과 같이 연결방식에 따라 크게 3가지로 분류할 수 있다.

① 대등적(対等的) 연결어미 : -고, -(으)며, -나, -지만, -든지

의미적으로 대등한 두 절(節)을 이어주는 연결어미이며, 앞 절과 뒤 절과 '나열, 대조, 선택' 등의 의미 관계를 갖는다.

〈예〉· 낮말은 새가 듣고, 밤말은 쥐가 듣는다.(나열)
· 호랑이는 죽어서 가죽을 남기지만, 사람은 죽어서 이름을 남긴다.(대조)
· 너가 가든지, 아니면 내가 간다.(선택)

② 종속적(従属的) 연결어미 : -(아)서, -(으)면, -(으)니, -(에)서, -는데,
-(으)려고, -(으)ㄹ지라도

앞의 문장을 뒤의 문장에 종속적으로 이어주는 어미로서, 어떠한 의미 관계를 가지느냐에 따라 다양한 종속적 연결어미로 사용된다.

〈예〉· 비가 와서, 길이 질다. (원인)

· 봄이 오면 꽃이 핀다. (조건)

· 한라산을 등반을 하려고, 우리는 아침 일찍 일어났다. (의도)

· 내가 집에 가는데, 저쪽에서 누군가 달려왔다. (배경)

· 설령 비가 올지라도, 우리는 어김없이 출발한다. (양보)

③ 보조적(補助的) 연결어미 : 아/어, 게, 지, 고

본용언(本用言)과 보조용언(補助用言)을 이어주는 연결어미이다.

〈예〉· 이 소리를 한 번 들어 보아라.

· 철수도 의자에 앉아 있다.

· 나도 좋은 시를 많이 읽고 싶다.

· 오늘은 날씨가 춥지 않다.

· 하늘이 맑게 개었다.

위의 문장에서 '보아라, 있다, 개었다'와 같이 동사처럼 활용하면 보조동사(補助動詞)이고, '싶다, 않다'와 같이 형용사처럼 활용하면 보조형용사(補助形容詞)이다. 이들이 뜻을 더하여 주는 앞의 용언들은 본용언이라고 한다.

그리고 한국어의 연결어미는 대부분 용언이나 서술격조사에 두루 붙지만, 그 중에는 동사에만 붙는 것도 있고, 형용사나 서술격조사에만 붙는 것, 서술격조사에만 붙는 것이 있다. 목적을 나타내는 '-러', 의도를 나타내는 '-려고', 어떤 일의 배경을 나타내는 '-는데'는 동사에만 붙고, '-(으)ㄴ데'는 형용사나 서술격조사에만 붙으며, 조건이나 가정을 나타내는 '-라면', 결과가 예상과 반대임을 나타내는 '-라도'는 서술격조사에만 붙는다. '-더라도'는 동사, 형용사, 서술격조사에 두루 쓰인다.

4-3. 한일 양언어의 대조

한국어의 조사는 체언에 접속하는 것만으로 규정되어 있으므로, 접속조사는 단어와 단어를 이어주는 「와, 랑, 하고」뿐이며, 그 외는 연결어미가 있어 일본어의 접속조사와 같은 역할을 한다. 그 중에서 보조적 연결어미의 문장 형태는 일본어의 보조동사 및 보조형용사의 형태를 취하는 것과 거의 일치한다.

한편 일본어의 접속조사는 형태가 같아도 놓이는 위치에 따라 기능적·의미적으로 차이가 있는 경우가 있다. 또한, 「から」와 「のに」처럼 일본어는 주관성과 객관성에 따라 엄격히 구별하여 쓰는 것이 일반적이지만, 한국어에는 하나의 의미로 사용된다.

5 부조사

5-1. 일본어의 부조사

일본어의 부조사(副助詞)는 체언이나 용언(연용형) 등 여러 가지 단어에 붙어 일정한 술어와 결합하여 보조적 의미를 나타내는 조사로서, 자립어와 다른 말과의 관계를 나타내며, 자립어에 대해 일정한 의미를 더하고, 격조사를 대신할 수도 있다. 「副助詞」의 「副」는 「副詞」의 「副」이다. 부조사가 붙으면, 그 앞의 단어가 뒤에 오는 단어에 대해 부사와 같이 수식하기 때문에 「副」가 붙여진 것이다.

★ 부조사(副助詞)와 계조사(係助詞)

학교문법에서는 조사를 격조사, 접속조사, 부조사, 종조사의 4종류로 분류하지만, 더 상세히 분류하는 학설도 있다. 예를 들어 부조사를 부조사와 계조사로 다시 분류하는

것(山田孝雄, 橋本進吉의 문법론)이 그 하나이다.

　　　· 부조사 : まで · ばかり · だけ · ほど · くらい · など
　　　· 계조사 : は · も · こそ · さえ · でも · しか

　계조사의 「係」라고 하는 의미는, 술어와 관계된다는 의미이다.

　　　· 桜は散る時にはいさぎよく散る。

　「桜は」는 단지 바로 다음에 오는 「散る」와 연관될 뿐만 아니라, 마지막의 「散る」즉, 문장 전체의 술어와도 연관된다. 이와 같이 모든 경우에 해당되는 것은 아니지만, 계조사는 술어와의 연관이 있음은 확실하다. 또한 계조사는 바로 뒤에 「た」「です」를 접속시켜, 「桜はだ」「桜さえだ」「桜しかです」라고는 하지 않는다. 이에 비해 부조사는 「桜までだ」「桜ばかりだ」「桜などだ」와 같이 바로 뒤에 「た」「です」를 접속할 수 있다는 점에서 계조사와의 상이점을 보인다. 그러나 계조사와 부조사 모두 여러 말에 붙어 일정한 의미를 더한다는 점에서는 동일하므로, 복잡함을 피하기 위해 학교문법에서는 부조사와 계조사를 통칭해 부조사라고 한다.

① は : 다른 것과 구별지어 특정한 것을 나타내므로 앞의 말을 강조하기도 한다.

　〈예〉· ちっとも寒くはない。(조금도 춥지는 않다.)

　*「ちっとも寒くはない。」에서 쓰인 「は」는 단순한 강조의 뜻으로 쓰였기 때문에 「寒くはない」를 「寒くない」라고만 해도 된다.

　〈예〉· 私は行きません。(나는 가지 않습니다.)

　* 위 예문에서와 같이 「は」가 붙으면, 그 앞의 말이 특별히 거론되어지는 의미를 가진다. 「私は」라고 하면, 다른 사람들은 갈지 어떨지 모르지만, 나는 가지 않음을 나타낸다.

★ 부조사 「は」와 격조사 「が」

> ㉠ ぼくが行く。 (내가 학교에 간다.)
> ㉡ ぼくは行く。 (나는 학교에 간다.)

㉠의 경우는 누군가가 가야 하는 것이 문제가 되고 있는데, 누가 갈지 그 주체가 정해지지 않은 경우에, 「行く」라는 술어의 주체를 나타내는 말이 격조사 「が」이다. 「が」는 「行く」라고 하는 동작의 주격을 나타낼 뿐이다.

㉡는, 어떤 장소에 몇 명인가가 있는데, 어딘가로 가려고 생각하고 있는 사람과 가지 않겠다고 생각하고 있는 사람이 있을 경우, 여러 사람들 중 특히 「ぼく(나)」를 가리켜 「ぼくは」라고 표현한 것이다. 「ほかの人々は分からないがぼくは」라고 하는 뉘앙스가 있는 것이다. 이러한 미묘한 뉘앙스를 가진 것이 「は」의 본질이고, 격조사 「が」와는 다른 점이다.

또한 화자와 청자 사이에, 처음 거론되어지는 사항에 대해서는 「が」가 사용되고, 그것이 한번 거론되어진 다음에는 「は」를 사용하는 것이 보통이다.

위의 예문에서 술어 「行く」에 대해서 주어는 각각 「ぼくが」 「ぼくは」이다. 그러나 「が」 「は」 모두 그 앞의 말(주어)이 주격임을 나타내는 격조사는 아니다. 「が」는 분명 격조사 이지만, 「は」는 주어의 뒤에 접속하고는 있지만 격조사는 아니다. 「ぼく」를 특별히 거론하기 위해 부조사 「は」를 사용한 것이다. 다른 사람은 어떻든 「ぼくは(나는)」간다라는 의미이다. 하지만 「ぼくは」가 주어임에는 틀림없으므로 「は」는 격조사를 대신하고 있다고도 말할 수 있다. 그러나 「ぼくがは 行く。」와 같이 주격의 격조사에 부조사를 겹쳐 쓰지는 않는다. 주격의 격조사가 아닌 경우에는 「彼はぼくとは 行く。」와 같이, 격조사가 필요하므로 부조사와 함께 사용된다. 이러한 예에서 주격일 때는 격조사가 없고 부조사만으로도 주어의 자격을 나타낼 수 있다는 것을 알 수 있다. 이것은 「は」뿐만이 아니라 「ぼくも(まで・さえ・でも・だけ・ばかり)行く。」의 경우도 마찬가지이다.

이러한 「が」와 「は」의 차이점은 한국어의 「이/가」와 「은/는」에서도 동일하게 발견할 수 있다.

② も

　㉠ 어떤 하나의 사실을 예로 들어 같은 취향이 있는 것을 나타낸다.

　　〈예〉·私も行きます。(나도 갑니다.)

　㉡ 앞에 오는 말을 강조한다.

　　〈예〉·一週間に五冊も読んだ。(일주일에 다섯 권이나 읽었다.)

　㉢ 병렬을 나타낸다.

　　〈예〉·しかられもほめられもしない。(꾸중듣지도 칭찬받지도 않는다.)

③ こそ : 앞에 오는 말의 의미를 강조한다

　〈예〉·かわいがりこそしてもいじめはしない。

　　　　(귀여워하기는 해도 못살게 굴지는 않는다.)

④ さえ

　㉠ 한 사실을 들어, 다른 것을 유추한다.

　　〈예〉·子供さえわかる。(어린아이까지도 안다.)

　㉡ 한정한다. 그것만으로도 충분하다는 뜻을 나타낸다.(「ーさえーば」의 형태로 쓰임)

　　〈예〉·パンさえあれば良い。(빵만 있으면 된다.)

　㉢ 어떤 사실 위에 무엇을 더 첨가하는 뜻을 나타낸다.

　　〈예〉·雨が降る上に風さえ吹き出した。

　　　　(비가 내리는 데다 바람조차 불기 시작했다.)

⑤ でも

　㉠ 작은 것을 예로 들어 큰 것을 유추시킨다.(「だって」와 같은 뜻)

　　〈예〉·そんなことは子供でも知っている。(그런 것은 아이라도 알고 있다.)

ⓛ 대략적인 의미를 나타낸다.

　〈예〉・落ち<u>でも</u>したら大変だ。(떨어지기라도 하면 큰일이다.)

＊「あそこ<u>でも</u>子供たちが遊んでいる。」(저기에서도 아이들이 놀고 있다)의 「でも」는 얼핏 보기에는 여기서 말하는 부조사 같지만, 이것은 격조사 「で」(−에서)와 부조사 「も」(−도)가 합쳐진 것이다.

⑥ **しか** : 限定의 뜻을 나타낸다. 뒤에는 否定하는 말이 온다.

　〈예〉・薬を飲む<u>しか</u>方法はない。(약을 먹을 수밖에 방법이 없다.)

⑦ **だって** : 작은 것을 예로 들어 큰 것을 유추시킨다.(⑤ 「でも」의 ㉠과 같음)

　〈예〉・どこに<u>だって</u>行く。(어디에라도 간다.)

　　　・少し<u>だって</u>よい。(조금이라도 괜찮다.)

⑧ **まで**

　㉠ 동작・때・장소가 미치는 귀착점을 나타낸다.

　　〈예〉・毎日12時<u>まで</u>勉強する。(매일 12시까지 공부한다.)

　ⓛ 큰 것을 예로 들어 작은 것을 추량시킨다.

　　〈예〉・もうやめようと<u>まで</u>思った。(이제 그만 두려고까지 생각했다.)

　ⓒ 정도・한도를 나타낸다.

　　〈예〉・ちょっと試してみた<u>まで</u>だ。(잠깐 시험해 본 것뿐이다.)

＊ 일본어의 「まで」는 한국어의 「−까지」에 대응되는데, ㉠의 의미를 가지는 「−까지」는 부사격 조사로서 격조사고, ⓛ의 의미일 때는 일본어의 부조사에 대응되는 보조사로서의 기능을 한다. 한편, 「−까지」는 ⓒ과 같은 의미를 가지지 않는다.

⑨ ばかり

    ㉠ 정도를 나타낸다. 「ちょっと」의 의미.

      〈예〉·三時間<u>ばかり</u>かかりました。(세 시간쯤 걸렸습니다.)

    ㉡ 한정을 나타낸다. 「だけ」㉡의 의미.

      〈예〉·ただ泣く<u>ばかり</u>です。(그냥 울 뿐입니다.)

⑩ だけ

    ㉠ 정도를 나타낸다.

      〈예〉·あれ<u>だけ</u>できれば十分だ。(그 정도 되면 충분하다.)

    ㉡ 한정을 나타낸다. 「ばかり」㉡의 의미.

      〈예〉·私<u>だけ</u>が知らない。(나만이 모른다.)

⑪ ほど : 정도를 나타낸다.

    〈예〉·千円<u>ほど</u>かしてくださいませんか。(천 엔쯤 빌려 주시지 않겠습니까?)

⑫ くらい(ぐらい)

    ㉠ 정도를 나타낸다. 「ほど」의 의미.

      〈예〉·ここから学校まではどの<u>くらい</u>かかりますか。

          (여기서 학교까지 어느 정도 걸립니까?)

    ㉡ 한정을 나타낸다.

      〈예〉·英語<u>ぐらい</u>は知っている。(영어정도는 알고 있다.)

⑬ きり : 정도를 나타낸다. 「ただそれだけ」의 의미

    〈예〉·もうこれ<u>きり</u>ですよ。(이젠 이것뿐이에요.)

⑭ **など**

　㉠어떤 것을 예로 든 다음, 그밖에도 또 있다는 뜻을 나타낸다.

　　〈예〉・机の<u>上</u>に鉛筆<u>など</u>がある。(책상 위에 연필 같은 것이 있다.)

　㉡확실히 하지 않고, 얼버무리는 것을 나타낸다.

　　〈예〉・そんなこと<u>など</u>は僕にもできる。(그까짓 것은 나도 할 수 있다.)

⑮ **なり**

　㉠「せめて…でも」의 의미를 나타낸다.

　　〈예〉・どこへ<u>なり</u>行きなさい。(하다못해 어디에라도 가세요.)

　㉡선택을 나타낸다.

　　〈예〉・行く<u>なり</u>やめる<u>なり</u>好きなようにしなさい。

　　　　　(가든지 그만두든지 좋을 대로 하세요.)

　㉢정도를 나타낸다. 「きり」의 의미

　　〈예〉・中<u>止</u>したままそれ<u>なり</u>になってしまった。(중지한 채 그대로 되어버렸다.)

　㉣「~にふさわしい」의 의미를 나타낸다.

　　〈예〉・ぼくはぼく<u>なり</u>に行動する。(나는 나 나름대로 행동한다.)

⑯ **やら**

　㉠불확실한 뜻을 지닌다.

　　〈예〉・なに<u>やら</u>わからないことを言っている。(뭔지 모를 말을 하고 있다.)

　㉡병렬의 의미를 나타낸다.

　　〈예〉・歌う<u>やら</u>さわぐ<u>やら</u>大変だった。(노래하며 떠들며 대단했다.)

⑰ か

① 확실치 않는 것을 나타낸다.

〈예〉・どこへ行く<u>か</u>教えてください.

（어디에 가는 것인지 가르쳐 주십시오.）

② 선택을 나타낸다.

〈예〉・する<u>か</u>やめる<u>か</u>を早く決めなさい.

（할 것인지 그만둘 것인지 빨리 결정하세요.）

5-2. 한국어의 보조사

일본어의 부조사에 대응하는 한국어는 보조사(補助詞)로서, 보조사란 여러 가지 말에 붙어 선행하는 말들에 특별한 의미를 더해주는 조사이다. 보조사는 크게 문장 성분 뒤에 오는 성분보조사(成分補助詞)와 문장 끝에 붙는 종결보조사(終結補助詞), 그리고 문장 성분에도 붙고 끝에도 붙는 통용보조사(通用補助詞)가 있다.

한국어의 보조사에는 '만, 도, 조차, 은/는, 부터, 까지, 라도, (이)나마, 밖에, 치고, 마다, 야말로' 등이 있다.

(1) 성분보조사 : 문장 성분 뒤에 붙는 것으로, 주어나 부사어, 용언과도 결합하여 다양한 분포를 보인다.(-만, 뿐, -은/는, -도, -까지, -마저, -조차, -부터, -마다, -(이)야, -(이)나, -(이)나마)

〈예〉・우리<u>만</u> 극장에 가서 미안하다.(단독)

・이곳에서<u>는</u> 수영을 하면 안됩니다.(대조, 주제)

・그 집이 마음에 들지<u>도</u> 않아요.(역시)

・쌈짓돈<u>까지</u> 뺏아 가다니.(극단)

- 너부터 해라.(시작, 먼저)
- 너야 합격이겠지(특수)
- 에어컨은 그만두고 선풍기나 있었으면 좋겠다.(불만)

(2) 종결보조사 : 문장 끝에서 주로 감탄의 의미를 나타낸다.(-마는, -그려, -그래)

〈예〉· 그가 갔구만그래.

(3) 통용보조사 : 통용보조사 '-요'는 모든 성분에 두루 나타날 수 있다.

〈예〉· 내가요 지금요 집에를 들어가야 하거든요.

5-3. 한일 양언어의 대조

첫째, 일본어의 부조사와 한국어의 보조사는 대응형태가 1대1의 대응이 아니고 중복 교차되는 모습을 보인다. 즉 한국어의 보조사 '-(이)라도, -(이)나마, -(이)나, -(든)지'는 모두 일본어의 부조사「でも」와 대응하고 있다.

둘째, 한국어의 보조사 범위에 들어 있는 형태가 일본어의 부조사에는 없다. 즉 한국어 '부터'는 보조사이지만, 여기에 대응하는 일본어「から」는 격조사이다.

이와 반대로, 일본어 부조사에 대응하는 한국어의 보조사가 없는 경우도 있다. 즉 일본어의 부조사「ほど」는 한국어의「만큼」에 해당하지만 격조사로 취급하고 있다.

넷째, 일본어의 부조사「まで」와「までに」,「だけ」와「ばかり」의 사용은 엄격하게 구분하여 사용해야 하지만, 한국어의 보조사에서는 두 가지 의미를 하나의 표현으로 두루 사용할 수 있다.

6 종조사

6-1. 일본어의 종조사

　일본어의 종조사(終助詞)는 문장 끝이나 문절 끝에 붙어서 의문·금지·감동·강조 등의 뜻을 나타낸다. 결코 한 문절의 중간에 사용되는 경우가 없고, 다른 조사와 겹치는 경우에도 반드시 그 뒤에 붙는다. 때로는 종조사가 생략되어도 무방한 경우가 있고, 또 종조사를 너무 쓰면 말의 품위가 떨어지는 경우도 있다.

　　〈예〉·これは僕が作ったものだ。(이것은 내가 만든 것이다.)

　　　　これはね、僕がね、作ったものだよ。(이것은 말이야, 내가 말이지, 만든 거
　　　　란 말이야.)

　앞의 문장에 비해 뒤의 문장은 좀 더 다정하게, 그리고 자기주장을 강하게 나타내고는 있지만, 품위가 없어 보인다. 문장이나 문절 끝에 붙는다고 하여 종조사란 이름이 붙은 것이다.

★ 간투조사(間投助詞)

　종조사 중에서 「や」, 「な」, 「ね」, 「さ」를 따로 떼어서 간투조사(間投助詞)라 하기도 하는데, 이러한 조사들은 경우에 따라 문장 끝이 아닌, 문장 가운데에도 끼어들 수 있다 해서 구분하기도 한다.

　〈예〉·花子や、ちょっとおいで。(하나코야, 잠깐 오렴.)

　　　·僕はな、これでもな、優等生だよ。
　　　　(나는 말이야, 이래봬도 말이지, 우등생이란 말이야.)

　　　·キムチはね、とてもね、辛いのよ。(김치는 말이야, 무척 매워.)

　　　·僕もさ、日本語の本が読めるよ。(나도 말이야, 일본어 책을 읽을 수 있어.)

---

① か

　　㋀ 의문을 나타낸다. (–이냐, –느냐, –인가, –는가)

　　〈예〉・これは誰の本<u>か</u>。(이것은 누구의 책이냐?)

　　㋁ 반어를 나타낸다.

　　〈예〉・そんなことがあるもの<u>か</u>。(그런 일이 있을 수 있는가?)

★ 副助詞「か」

　　〈예〉・ぼく<u>か</u>弟<u>か</u>が参ります。(나나 남동생이 갑니다.)
　　　　・どれ<u>か</u>に決めなさい。(어느 것이든 결정하세요.)

「(ぼく)か」는 文의 단락에 붙어있는 것처럼 보이지만, 이 경우는 병렬의 부조사「か」로서 종조사는 아니다.「弟が」「どれかに」에서처럼 한 문절의 중간에 있는「か」는 결코 종조사가 될 수 없다.

---

② な : 금지를 나타낸다.

　　〈예〉・決してこれを食べる<u>な</u>。(절대로 이것을 먹지 말아라.)

③ な(あ) : 감동을 나타낸다.

　　〈예〉・もう十二時だ<u>な(あ)</u>。(벌써 열두 시로구나.)

④ ぞ : 다짐하는 의미를 나타낸다.

　　〈예〉・そら、投げる<u>ぞ</u>。(자, 던진다.)

⑤ とも : 긍정의 뜻을 강조한다.

　　〈예〉・本当にきれいだ<u>とも</u>。(정말로 예쁘고 말고.)

⑥ よ

㉠ 다짐하는 의미를 나타낸다.

〈예〉・君が行け<u>よ</u>。うん、いく<u>よ</u>。(자네가 가게. 응, 갈게.)

㉡ 뜻을 강조한다.

〈예〉・ほかの人に話してはだめ<u>よ</u>。(다른 사람에게 말하면 안 돼.)〈女性語〉

★ 여성어와 남성어

	여성어	남성어
조동사 「だ」	本<u>よ</u>。	本<u>だよ</u>。
형용동사 종지형 어미	だめ<u>よ</u>。	だめ<u>だよ</u>。
조동사 「だ」	これだけ<u>よ</u>。	これだけ<u>だよ</u>。

「よ」는 여성어로서 사용되는 경우가 많은데, 그 경우 명사에는 단정의 조동사 「だ」를 빼내어서 「これは桜よ。」처럼 사용하고, 동사・형용사에는 조사 「わ」의 아래에 두어 「よく働くわよ。」처럼 사용하며, 형용동사에는 어간에 붙여서 「大丈夫よ。」처럼 사용한다.

---

⑦ の

㉠ 가벼운 의문을 나타낸다.

〈예〉・どこへ行く<u>の</u>。(어디 가니?)

㉡ 가벼운 단정을 나타낸다.

〈예〉・この家はとても静かな<u>の</u>。(이 집은 참 조용해.)

⑧ **わ** : 감동적인 의미를 더하여 뜻을 강하게 하는 여성어이다.

〈예〉・まあ、驚いた<u>わ</u>。(어머나, 놀랐어.)

⑨ や

　　㉠ 감탄의 의미를 내포한 다짐을 나타낸다.

　　　〈예〉・僕にだってできる<u>や</u>。 (나도 할 수 있어.)

　　㉡ 부르는 의미를 나타낸다.(이름 다음에 쓴다)〈-야〉

　　　〈예〉・太郎<u>や</u>、今何をしている。 (타로야, 지금 무얼 하고 있지?)

⑩ ね(え) : 다짐하는 의미를 나타낸다.

　　〈예〉・しかし<u>ね</u>、日本語も難しいよ。 (하지만 말이야, 일본어도 어려워.)

⑪ さ : 가벼운 여운을 나타낸다.

　　〈예〉・まあ、いい<u>さ</u>、一時間で行かれる<u>さ</u>。 (와 좋아, 1시간 만에 갈 수 있어.)

6-2. 한국어의 종결어미

　한국어의 문장에서 제일 마지막에 오는 것이 종결표현이다. 이 종결표현에 따라 전체 문장의 의미가 좌우되는데, 이러한 한국어의 종결표현을 구체적으로 결정하는 것이 종결어미(終結語尾)이다. 말하는 이가 적절한 종결어미를 선택함으로써 자신의 생각이나 느낌을 표현할 수 있다. 종결어미는 문장 종결법(文章 終結法)과 상대높임법에 의해 다음과 같이 분류한다.

(1) 문장 종결법

① 평서형(平敍形) : 하고 싶은 말을 단순하게 진술하는 문장이다.(-는다, -네, -오, -ㅂ니다, -느니라, -렷다, -마)

〈예〉·철수가 과자를 먹<u>는</u>다.

② 감탄형(感歎形) : 말하는 이가 듣는 이를 별로 의식하지 않거나 감탄으로 느낌을
　　　　　　　　　표현하는 문장이다.(-는구나, -군, -로구나, -어라/-아라)

〈예〉·철수가 과자를 먹<u>는구나</u>.

③ 의문형(疑問形) : 질문하여 대답을 요구하는 문장이다.(-느냐, -니, -는가, -
　　　　　　　　나, ㅂ니까, -ㄹ까)

〈예〉·철수가 과자를 먹<u>느냐</u>?

④ 명령형(命令形) : 어떤 행동을 하도록 강하게 요구하는 문장이다.(-아라/-어라,
　　　　　　　　-려무나, -ㅂ시오)

〈예〉·철수야, 과자를 먹<u>어라</u>.

⑤ 청유형(請誘形) : 어떤 행동을 함께 하도록 요청하는 문장이다.(-자, -ㅂ시다,
　　　　　　　　-세, -시지요)

〈예〉·철수야, 과자를 먹<u>자</u>.

(2) 상대높임법

상대높임법은 말하는 이가 듣는 이에 대하여 높이거나 낮추어 말하는 방법이다.
상대높임법은 크게 격식체(格式体)와 비격식체(非格式体)로 나눈다.

상대높임법의 종류		평서법	의문법	명령법	청유법	감탄법
격식체	하십시오체	가십니다	가십니까?	가십시오	가시지요	–
격식체	하오체	가(시)오	가(시)오?	가(시오), 가구려	갑시다	가시는구려
격식체	하게체	가네, 감세	가는가? 가나?	가게	가세	가는구먼
격식체	해라체	간다	가냐? 가니?	가(거)라 가렴 가려무나	가자	가는구나
비격식체	해요체	가요	가요?	가(세)요	가(세)요	가(세)요
비격식체	해체(반말)	가, 가지	가?, 가지?	가, 가지	가, 가지	가, 가지

6-3. 한일 양언어의 대조

일본어 종조사는 문말에 와서 문장을 완결 내지는 성립시키고 전체를 통일하며, 말하는 이의 의문, 감동, 영탄, 금지, 강조 등의 감정을 나타낸다. 그리고 한국어의 종결어미는 서술어 기능을 하는 용언과 결합하여 한 개의 낱말을 완성하는 동시에 그 문장을 의미적으로도 완결짓는 기능을 갖고 있다. 또한 하나의 문장 형식이 말하는 이의 감정에 따라 다양한 의미 표현으로 나타나고 있는 점 등으로 미루어 보아, 한일 양언어의 종조사와 종결어미는 기능적 의미적인 측면에서 서로 유사하다고 볼 수 있다.

그러나 일본어의 종조사는 한국어의 종결어미와는 달리 남성어와 여성어로 나누어져 있어 성별에 따라 의미 용법이 다름에 비해, 한국어의 종결어미는 일본어의 종조사에서는 찾아볼 수 없는 상대높임법에 의한 표현방법이 있는 점이 서로 다른 차이점이라고 할 수 있다.

그리고 한국어의 종결어미는 「-ㅂ니다」, 「-갑니다」처럼 용언 뒤를 어미로 보고 있으나, 일본어의 종조사는 용언의 활용을 조동사와 조사로 나누어 구분하고 있으므로 더 세분화되어 있다고 볼 수 있다. 따라서 한국어 종결어미의 의미 용법의 폭이 더 넓다고 할 수 있다.

세미나 및 리포트

5. 일본어의 합성동사 중 「동사 + 동사」형의 특징을 논하시오.

6. 자동사와 타동사에 대하여 논하시오.

7. 일본어의 「한(자)어 + する」와 한국어 「한(자)어 + 하다」를 대조 설명하여 보시오.

8. 金田一春彦의 일본어 동사의 4가지 분류에 대하여 논하시오.

제3장 형용사

1. 형용사의 음편(音便)에 대하여 구체적인 예를 들어 설명하시오.

2. 형용사 「ない」와 조동사 「ない」의 차이점에 대하여 논하시오.

3. 형용사의 명사형 접미사 「さ, み け(げ)」에 대하여 구체적인 예를 들어 설명하시오.

제4장 형용동사

1. 일본 학교문법에서의 형용동사의 문제점에 대하여 논하시오.

2. 형용동사의 어미 「だ」와 조동사 「だ」 활용의 차이점을 설명하시오.

3. 「イ형용사」와 「ナ형용사」에 대하여 논하시오.

4. 특별한 활용을 하는 활용동사(こんなだ 등)의 활용의 특징을 설명하시오.

제5장 연체사

1. 일본어의 연체사와 한국어의 관형사를 서로 대조 설명하여 보시오.

2. 일본어의 연체사와 연체수식어에 대하여 논하여 보시오.

3. 일본어의 연체사를 4가지로 나누고, 각각의 예를 아는 대로 들어 보시오.

제6장 부사

1. 한일 양언어의 부사의 하위분류를 간략히 제시하고, 그 차이점에 대해서 논하시오.

2. 상태부사 중 의성어, 의태어를 아는 대로 들고, 형태 및 의미상의 특징에 따라 분류하여 보시오.

3. 서술(진술)부사의 호응 관계를 예문을 들어 설명해 보시오.

제7장 접속사

1. 일본어 접속사와 한국어와의 대응관계를 논하여 보시오.
2. 접속사를 의미에 따라 하위분류하고 각각의 의미상의 특징을 예문을 들어 설명하시오.
3. 접속사와 조사 중, 문장 또는 문절의 마지막에 접속하여 의미상 접속사와 같은 역할을 하는 「けれども」 등과의 차이점을 논하시오.

제8장 감동사

1. 일본어의 감동사를 4가지로 분류하고 각각의 예를 들어 보시오.
2. 혼동하기 쉬운 일본어의 감동사를 예를 들어 설명해 보시오.

제9장 조동사

1. 일본어의 조동사와 영어 등에서 말하는 조동사(Auxiliary Verb)와의 차이점을 논하여 보시오.
2. 일본어의 조동사를 접속에 따라서 분류하여 보시오.
3. 일본어의 자동사의 피동문(迷惑の受身)에 대하여 논하여 보시오.
4. 일본어의 가능을 나타내는 표현형식을 모두 들고, 각각의 용법을 통하여 설명하여 보시오.
5. 조동사 「れる, られる」에 대하여 4가지 의미용법을 구분하는 방법을 중심으로 논하여 보시오.
6. 한일 양언어의 부정의 형식을 일본어의 조동사 「ない」와 한국어의 부정부사 '안(못)' 및 보조용언 '않다(못하다)'를 중심으로 논하여 보시오.
7. 조동사 「ない」와 형용사 「ない」의 차이점을 논하여 보시오.
8. 희망의 조동사 「たい」와 「たがる」의 의미 용법의 차이점에 대하여 논하여 보시오.
9. 일본어의 추량 및 양태를 나타내는 표현에 대하여, 한국어와의 대응관계를 중심으로 논하여 보시오.
10. 조동사 「らしい」와 접속사 「らしい」의 차이점을 예문을 들어 설명하여 보시오.
11. 조동사 「た(だ)」의 의미 용법에 대하여 논하여 보시오.

제10장 조사

1. 일본어의 부조사와 한국어의 보조사를 대조 설명하여 보시오.

2. 조사 「が」의 용법 중, 목적격을 나타내는 경우에 대하여 논하여 보시오.

3. 격조사 「の」의 의미 용법을 한국어와의 대조비교를 중심으로 논하여 보시오.

4. 격조사 「に」의 의미 용법을 한국어와의 대조비교를 중심으로 논하여 보시오.

5. 일본어의 접속조사와 한국어와의 대응관계를 논하여 보시오.

6. 원인 이유를 나타내는 접속조사 「から」와 「ので」의 의미용법을 비교 설명해 보시오.

7. 부조사 「も」의 의미 용법에 대하여 논하여 보시오.

8. 「まで」와 「までに」의 의미 용법의 차이점에 대하여 예문을 들어 설명해 보시오.

9. 정도 한정을 나타내는 부조사 「ばかり」「だけ」「くらい(ぐらい)」「ほど」의 의미 용법을 각각 예문을 들어 비교 설명하여 보시오.

10. 일본어의 조사를 6분류할 때, 종조사 및 간투조사의 차이점을 예를 들어 설명해 보시오.

11. 일본어의 종조사와 대응관계를 이루는 한국어(품사)에 대하여 논하여 보시오.

저자 **안병곤**

경상대학교 사범대학 일어교육과 졸업
한국외국어대학교 대학원 석사과정 졸업 문학석사
일본 관세이가쿠인대학교 대학원 박사과정 졸업 학술박사
일본 도시샤대학교 객원교수
일본 관세이가쿠인대학교 객원교수
일본 기비국제대학교 비상근교수
전 한국일본어교육학회 회장

저서
『6차 고등학교 일본어교과서』(성안당), 『7차 고등학교 일본어교과서』(성안당),
『일본어교수법』(학문사), 『한국어문법』(보고사), 『한국어문법의 종합해설』(오사카경제법과대학출판부),
『종합일본어』(보고사), 『문제인 일본어』(보고사)

한일대조문법론

2009년 5월 8일 초판 1쇄 펴냄

지은이 안병곤
펴낸이 김흥국
펴낸곳 도서출판 보고사

책임편집 황효은
표지디자인 이성주

등록 1990년 12월 13일 제6-0429호
주소 서울특별시 성북구 보문동7가 11번지 2층
전화 922-5120~1(편집), 922-2246(영업)
팩스 922-6990
메일 kanapub3@chol.com
http://www.bogosabooks.co.kr

ISBN 978-89-8433-733-6 93700
ⓒ 안병곤, 2009